Lüneburger Geographische Schriften

Band 8

Digitaler Nomadismus

Titelbild: Die Gründer der DNX Bewegung Felicia Hargarten und Marcus Meurer beim Arbeiten im Coworking Space auf Bali; Foto: DNX

© 2019 Institut für Stadt- und Kulturraumforschung (IfSK)
Leuphana Universität Lüneburg
Universitätsallee 1, 21335 Lüneburg

Überarbeitete Fassung der im Studiengang Kulturwissenschaften
am 15.03.2018 eingereichten Bachelorarbeit

Redaktion, Lektorat, Layout und Satz: Sabine Arendt, lektorat@sabinearendt.org

Herstellung und Verlag: BoD – Books on Demand, Norderstedt

ISBN 978-3-7504-1281-1

Bibliografische Information der Deutschen Nationalbibliothek: Die Deutsche Nationalbibliothek verzeichnet diese Publikation in der Deutschen Nationalbibliografie; detaillierte bibliografische Daten sind im Internet über www.dnb.de abrufbar.

Lüneburger Geographische Schriften
Band 8

Antonia Scholz

Digitaler Nomadismus
Chancen und Herausforderungen eines neuen Arbeitsmodells

Institut für Stadt- und Kulturraumforschung
Peter Pez (Hrsg.)

Lüneburg 2019

Inhalt

Vorwort

Nomadismus hat schon vor Jahrzehnten die intensive Aufmerksamkeit der Geographie gefunden. Damals ging es vielfach um die Lebens- und Wirtschaftsweise von Menschen, die in kargen ökologischen Räumen unter regelmäßiger Verlegung ihres Aufenthaltsortes Viehwirtschaft betreiben – eine Lebensweise, die als rückständig empfunden wurde, da sie weder Vorratshaltung noch eine größere Ansammlung von Gebrauchsgegenständen erlaubt, was die Erreichung eines als wünschenswert erachteten Niveaus von materiellem Wohlstand ausschloss. Das Ziel der Entwicklungshilfe (heute spricht man von Entwicklungszusammenarbeit) bestand deshalb lange Zeit im Versuch, Nomaden sesshaft zu machen, um ihnen einen Aufstieg in der Wirtschaftsstufenskala in Richtung Teilhabe an einer modernen Konsumgesellschaft nahezulegen. Inzwischen hat sich diese Perspektive dahingehend gewandelt, dass Nomadismus als eine an ökologische Bedingungen sinnvoll angepasste Wirtschaftsform akzeptiert wird. Und nun, noch in der Anfangszeit des 21. Jahrhunderts, beginnt sich eine völlig neue Sichtweise Bahn zu brechen, der Begriff des Nomadismus taucht in einer gänzlich veränderten Konnotation auf. Junge, ‚hippe‘ Leute ziehen laptopbewehrt durch die Welt, lassen sich – häufig nur für einen gewissen Zeitraum – dort nieder, wo es ihnen gefällt, und arbeiten anscheinend in größter Freiheit der Tagesplanung und ohne Standortabhängigkeiten oder dienstliche Präsenzpflichten ausschließlich digital und online. Die virtuelle und digitale Welt scheint damit urgeographische Faktoren wie Transportkosten und Reisezeiten durch Internet, E-Mailing und Skype-Videotelefonie gänzlich unwichtig werden zu lassen. Und gleichzeitig scheint durch digitale Medien ermöglichtes Umherziehen in der Welt zu einem erstrebenswerten, maximale Freiheit versprechenden Lebensentwurf einer Generation stilisiert zu werden. Ist das die Zukunft? Werden Wohnstätte und Arbeitsplatz zunehmend entkoppelt? Wird die persönliche Begegnung ebenso überflüssig wie ein ständiger Wohnsitz? – Abgesehen davon, dass sich eine solche Arbeits- und Lebensweise gewiss nicht für alle Berufssparten anbietet, welche Vor- und welche Nachteile sind damit für die Personen, für Familienzusammenhänge und für Gesellschaften verbunden? Und welche Voraussetzungen sollten

digitale Nomaden mitbringen? Die vorliegende Studie versucht, das noch
neue Phänomen des digitalen Nomadismus quellen- und interviewbasiert
in seiner komplexen Differenziertheit zu beschreiben und zu deuten.

Peter Pez
Lüneburg, Juli 2019

1 Einleitung

1.1 Relevanz des Themas

In seinem Vortrag auf der ‚Digitale Nomaden Konferenz DNX Global'[1] im August 2015 verkündete der Online-Entrepreneur und Visionär Pieter LEVELS, dass seinen Berechnungen zufolge im Jahr 2035 rund eine Milliarde Menschen sogenannte ‚Digitale Nomaden' sein werden – selbstbestimmt lebende Personen also, welche zur Erwirtschaftung ihres Lebensunterhaltes vorwiegend digitale Technologien nutzen und welche daher nicht an einen physischen Ort zur Verrichtung ihrer Arbeit gebunden sind. Diese Digitalarbeiter würden künftig, so LEVELS, als hoch individualisierte, hypermobile und eigentumslose Subjekte unterschiedlich lange in beliebigen geographischen Regionen verweilen, völlig spontan den Aufenthaltsort wechseln und von überall aus Einkommen generieren. Der damals 29-jährige Niederländer identifiziert Digitalen Nomadismus als eine globale Bewegung, welche nahezu alle Lebensbereiche revolutionieren werde. LEVELS ist sich sicher: „We'll be happy in the future as one big remote generation!"[2].[3]

Zwar mag die LEVELS'sche Zukunftsvision etwas zu übereifrig klingen, vor dem Hintergrund tiefgreifender gesellschaftlicher und technologischer Wandlungsprozesse wie der Globalisierung und der Digitalisierung sind jedoch schon heute bedeutende lebensweltliche und arbeitsmarktstrukturelle Veränderungen im Gange. Die breite Verfügbarkeit von WLAN, die zunehmende Nutzung digitaler Endgeräte, eine immer stärker vernetzte Informations- und Kommunikationstechnik (IKT) sowie stetige Innovationen im

---

[1]   Die ‚Digitale Nomaden Konferenz DNX' (heute ‚DNX Festival') ist nach eigenen Angaben das größte Event für ortsunabhängig arbeitende Menschen. Sie wurde im Jahr 2014 von den Deutschen Felicia HARGARTEN und Marcus MEURER ins Leben gerufen. In der Regel finden die Events in Berlin (deutsch) und Lissabon (englisch) statt. Austragungsorte waren aber bereits auch andere internationale Städte, unter anderem Bangkok. (Vgl. DIGITALE NOMADEN KONFERENZ DNX (o. J.a): About us; DIGITALE NOMADEN KONFERENZ DNX (o. J.b): Main Event & Workshops.)

[2]   LEVELS, Pieter (2015): The future of digital nomads.

[3]   Vgl. ebd.

Bereich digitaler Anwendungen ermöglichen völlig neue Formen globaler Kommunikation und Zusammenarbeit. Um die neuen Technologien herum entwickeln sich neue Wirtschaftszweige. Gleichzeitig verschwinden immer mehr traditionelle Branchen. Gelernte Arbeitsprozesse strukturieren sich hinsichtlich ihrer zeitlichen, räumlichen und inhaltlichen Dimensionen neu. Im Zuge einer fortschreitenden Individualisierung schätzen immer mehr Erwerbstätige die Möglichkeiten der Selbstbestimmung und Flexibilität der neu entstehenden Arbeits- und Verdienstmodelle. Viele entscheiden sich bewusst für eine zeit- und ortsunabhängige Tätigkeit als Freiberufler.[4]

Allein in den USA stieg die Anzahl an Freelancern laut Erhebungen des US-amerikanischen Unternehmens PAYCHEX zwischen 2000 und 2014 um über 500 %. Das Marktforschungsinstitut EDELMAN INTELLIGENCE kam zu dem Ergebnis, dass im Jahr 2016 rund 55 Millionen US-Amerikaner – 35 % aller Erwerbstätigen in den USA – im Haupt- oder Nebenerwerb als Freiberufler tätig waren. Das MCKINSEY GLOBAL INSTITUTE (MGI) schätzt diese Zahl sogar noch höher ein: Bis zu 68 Millionen Personen hätten demnach im Jahr 2016 in den USA zumindest partiell als Solo-Selbstständige gearbeitet. Für die EU-15 vermutet MGI derzeit eine Anzahl von 60 Millionen bis 94 Millionen Freelancern. Nach Erhebungen des Forschungsinstituts OPINION MATTERS planen daneben rund 26 % der sich aktuell in einer Festanstellung befindenden Europäer, in Zukunft eine freiberufliche Tätigkeit aufzunehmen[5]. Dies unterstreicht, dass ein Großteil der Solo-Selbstständigen in Europa (68 %) und den USA (72 %) freiwillig den Weg in die eigene

---

4 Vgl. BUNDESMINISTERIUM FÜR FAMILIE, SENIOREN, FRAUEN UND JUGEND (BMFSFJ) (2016): Digitalisierung – Chancen und Herausforderungen für die partnerschaftliche Vereinbarkeit von Familie und Beruf. Expertise der Roland Berger GmbH im Rahmen des Unternehmensprogramms Erfolgsfaktor Familie. Berlin, 11; MCKINSEY GOBAL INSTITUTE (MGI) (2016): Independent Work: Choice, Necessity, and the Gig Economy. Executive Summary, 3 und 8; OPINION MATTERS im Auftrag von ADP (2017): The Workforce View in Europe 2017, 13.

5 Zwar stellt der Anstieg der Selbstständigkeit in den USA und weiten Teilen Europas die allgemeine Tendenz dar, der Trend zur (Solo-)Selbstständigkeit ist in Deutschland – primär vor dem Hintergrund des demografischen Wandels – jedoch seit 2012 rückläufig. (Mehr dazu siehe BUNDESMINISTERIUM FÜR ARBEIT UND SOZIALES (BMAS) (2016): Forschungsbericht 465. Solo-Selbstständige in Deutschland – Strukturen und Erwerbsverläufe. Berlin.)

Freiberuflichkeit geht. Als Gründe werden vorrangig der höhere Grad an zeitlicher und örtlicher Autonomie und Flexibilität genannt.[6]

Mittlerweile bieten auch viele Unternehmen ihren Mitarbeitern flexible Vertragsoptionen an. In den USA stieg nach Angaben des US-amerikanischen BUREAU OF LABOR STATISTICS die Anzahl der Arbeitnehmer, welche ihrer Arbeit teilweise oder vollständig von zu Hause aus nachgingen, von 19 % im Jahr 2003 auf 24 % im Jahr 2015. Das Markt- und Meinungsforschungsinstitut GALLUP schätzt diese Zahl sogar noch höher ein und spricht von einem Anstieg der Heimarbeit von 9 % im Jahr 1995 auf 34 % im Jahr 2015. Einige Firmen setzen bereits komplett auf den Einsatz sogenannter ‚remote worker' und verzichten vollständig auf traditionelle Büroräume.[7][8]

Auch die von LEVELS beschriebene räumliche Hypermobilität ist schon längst keine Utopie mehr. Dauerte eine Reise von Paris nach Marseille im Jahr 1650 noch circa 33 Stunden, verkürzte sich die Reisezeit mit der Erfindung der Eisenbahn auf circa 14 Stunden im Jahr 1887. Per TGV ist Marseille heutzutage in unter 3,5 Stunden zu erreichen. Für eine interkontinentale Reise per Dampfschiff von Hamburg nach New York benötigten Reisende im Jahr 1901 durchschnittlich acht Tage. Eine Boeing 767-300 fliegt die Strecke heute in weniger als 9 Stunden. Die rapide Entwicklung räumlicher Mobilität offenbart sich auch beim Blick auf die Tourismus-Statistiken der WORLD TOURISM ORGANIZATION (UNWTO). Im Jahr 1950 verzeichnete die Organisation rund 25 Millionen, im Jahr 1980 bereits 278 Millionen und im Jahr 2000 schon über 674 Millionen internationale touristische Ankünfte.

---

6   Vgl. EDELMAN INTELLIGENCE im Auftrag von Upwork und Freelancers Union (2016): Freelancing in America: 2016, 5; McKINSEY GOBAL INSTITUTE (MGI) (2016): 3 und 8; OPINION MATTERS (2017): 13; PAYCHEX (2016): Goodbye, 9-5! The Growth of the Freelance Economy.

7   Vgl. BUREAU OF LABOR STATISTICS, U.S. DEPARTMENT OF LABOR, THE ECONOMICS DAILY (2016): 24 percent of employed people did some or all of their work at home in 2015; JONES, Jeffrey (2015): In U.S., Telecommuting for Work Climbs to 37 %. Gallup; SHIN, Laura (2016): At These 125 Companies, All Or Most Employees Work Remotely.

8   Diese Trends bleiben auch im Jahr 2019 bestehen. Während die Anzahl an ortsunabhängig Arbeitenden stetig wächst, macht der ‚State of Remote Work 2019'-Report des US-amerikanischen Unternehmens BUFFER klar, dass 99 % aller ortsunabhängig Arbeitenden ihre entsprechende Arbeitsflexibilität ein Leben lang behalten wollen. 95 % aller Freiberufler und Angestellten empfehlen ortsunabhängiges Arbeiten ihren Freunden und Bekannten. (Vgl. BUFFER (2019): State of Remote Work 2019.)

In 2016 reisten insgesamt rund 1,235 Milliarden Menschen an Orte jenseits der eigenen Staatsgrenze. Auch für 2017 wird mit einer weiteren Steigerung des globalen Reiseaufkommens von drei bis vier Prozent gerechnet. Die japanische AEROSPACE EXPLORATION AGENCY arbeitet indes bereits an einem Passagierflugzeug mit fünffacher Schallgeschwindigkeit. Ein Flug von Paris nach Tokio würde dann nur noch zwei statt zwölf Stunden dauern. Ein Ende zunehmender räumlicher Mobilität ist nicht in Sicht.[9]

Angesichts dieser Darstellungen kann das Phänomen ‚Digitaler Nomadismus' – verstanden als das selbstbestimmte Arbeiten von einem beliebigen Ort aus – nicht nur als logisches Ergebnis der Entwicklungen der letzten Jahre interpretiert werden, sondern es ist auch wahrscheinlich, dass eine derartige Lebensführung in Zukunft vermehrt an Bedeutung gewinnen wird. Verknüpft mit dieser Tendenz sind vielfältige Potenziale und Herausforderungen auf wirtschaftlicher, politischer, ökologischer und soziokultureller Ebene. Frühzeitige Auseinandersetzungen mit dem digitalnomadischen Lebensstil bieten vor diesem Hintergrund die Chance, mögliche Szenarien und Auswirkungen zukünftiger individueller und kollektiver Arbeits- und Lebensrealitäten frühzeitig zu verstehen sowie aktiv und nachhaltig mitzugestalten. Die vorliegende Bachelorarbeit sieht sich in diesem Zusammenhang als ein Versuch, erste gedankliche Ausgangs- und Ansatzpunkte für weiterführende (wissenschaftliche) Diskussionen zu liefern.

1.2   Fragestellung und Aufbau der Arbeit

Die Arbeit gliedert sich in einen theoretischen Teil (Kapitel 2) sowie einen empirischen Teil (Kapitel 3). Im theoretischen Abschnitt der Arbeit findet zunächst die grundsätzliche Vorstellung kultureller und räumlicher Aspekte des digitalnomadischen Lebensstils statt. Ziel dieser Ausführungen ist es, darzustellen, dass es sich bei Digitalem Nomadismus um eine neuartige

---

9   Vgl. NOLTE, Hans-Heinrich (2009): Eisenbahnen und Dampferlinien. In: Roth, Ralf; Schlögel, Karl (Hg.): Neue Wege in ein neues Europa. Geschichte und Verkehr im 20. Jahrhundert. Frankfurt (Main): Campus-Verlag, 130 und 133; WORLD TOURISM ORGANIZATION (UNWTO) (2016): UNWTO Tourism Highlights. 2016 Edition, 2; AERONAUTICAL TECHNOLOGY DIRECTORATE (JAXA) (2016): Hypersonic passenger aircraft technology.

Form des Arbeitens, Reisens und Lebens handelt, welche eigenen Motiven, Werten und Regeln folgt. Es wird in diesem Rahmen eine Forschungslücke deutlich, da wissenschaftliche Auseinandersetzungen mit dem Lebenskonzept und dem Mobilitätsverhalten Digitaler Nomaden bisher fast vollständig fehlen. Basierend auf den theoretischen Darstellungen beschäftigt sich der empirische Teil der Bachelorarbeit mit den ökonomischen, ökologischen, politisch-planerischen und soziokulturellen Chancen und Herausforderungen, welche das Lebensmodell Digitaler Nomaden birgt.

Kapitel 2.1 zeigt zunächst den aktuellen Stand der wissenschaftlichen und medialen Auseinandersetzungen mit Formen eines ‚modernen‘ Nomadismus[10] auf. In Kapitel 2.2 findet folgend eine Auseinandersetzung mit den kulturellen Aspekten der deutschsprachigen digitalnomadischen Szene statt. Hierzu wird Digitaler Nomadismus, unter Bezug auf HITZLER und NIEDERBACHER und auf Basis der Analyse bekannter und reichweitestarker digitalnomadischer Blogs, als Szene klassifiziert. In diesem Rahmen werden zugleich die zentralen Charakteristiken der deutschen Digitalen-Nomaden-Szene erarbeitet.

Das Kapitel 2.3 beschäftigt sich mit dem digitalnomadischen Mobilitäts- und Residenzverhalten, also mit der Art und Weise, wie Digitale Nomaden reisen, arbeiten und leben. Dazu werden eingangs relevante Mobilitätskonzepte – namentlich Backpacking, Flashpacking, Arbeitsmigration, ‚lifestyle migration‘, Multilokalität und traditioneller Nomadismus – vorgestellt. Anschließend werden die Spezifika des digitalnomadischen Mobilitäts- und Residenzverhaltens erarbeitet. Als Analysegrundlage dienen erneut die schon in Kapitel 2.2 genutzten Blogs. In einem letzten Schritt werden die genannten Mobilitätskonzepte mit dem Mobilitäts- und Residenzverhalten Digitaler Nomaden verglichen und diskutiert. Es wird deutlich, dass existierende Mobilitätskonzepte das Phänomen nur unvollständig abbilden.

Von diesen Überlegungen ausgehend beschäftigt sich der empirische Teil der Arbeit mithilfe von qualitativen Experteninterviews mit der Frage, welche ökonomischen, ökologischen, politisch-planerischen und soziokultu-

---

10   Innerhalb der vorliegenden Arbeit wird zwischen einem ‚modernen‘ und einem traditionell geprägten Verständnis von Nomadismus unterschieden. Zu den jeweiligen Formen siehe Kapitel 2.1 respektive Kapitel 2.3.1.

rellen Chancen und Herausforderungen der digitalnomadische Lebensstil für Individuen, Gesellschaften sowie Regierungs- und Regulierungssysteme birgt. Die Kapitel 3.1 bis 3.4 führen zunächst in die Theorie qualitativer (Experten-)Interviews ein und stellen den Ablauf der durchgeführten Untersuchung vor. In Kapitel 3.5 findet die Auswertung der Daten statt. In Kapitel 3.6 werden die Ergebnisse der empirischen Untersuchung diskutiert und die Forschungsfrage beantwortet.

2 Digitaler Nomadismus

2.1 Begriffsbestimmung und Forschungsstand

Bei der definitorischen Annäherung an den Neologismus ‚Digitaler Nomadismus' muss zunächst zwischen philosophisch-theoretischen sowie empirischen Ausgangspunkten in der wissenschaftlichen Beschäftigung mit ‚modernem' Nomadismus, dem Nomadischen und den ‚neuen' Nomaden unterschieden werden.[11]

Die theoretische Nomadismus-Diskussion wurde maßgeblich durch das im Jahr 1980 erschienene Traktat ‚Mille Plateaux' (deutsch: ‚Tausend Plateaus') der beiden französischen Philosophen Gilles DELEUZE und Félix GUATTARI beeinflusst. Darin konstruieren die beiden Autoren den modernen Nomaden als flexible, Grenzen überschreitende Figur des Widerstandes, bezeichnen ihn als „Kriegsmaschine"[12] und positionieren diesen in Opposition zu hegemonialen Machtpositionen und statischen Gesellschaftsstrukturen. Am Paradigma des Rhizoms[13] dient der Nomade als Denkmodell zur Entwicklung neuer Vorstellungen von Identität, welche mit im Zuge von Aufklärung und Moderne gebildeten, essenzialistisch ausgerichteten Identitätskonzepten brechen.[14]

---

11 Vgl. DE LANGE, Michiel (2009): "digital nomadism": a critique. Dissertation draft, 1–2; LIPPHARDT, Anna (2015): Der Nomade als Theoriefigur, empirische Anrufung und Lifestyle-Emblem. Auf Spurensuche im Globalen Norden. Bundeszentrale für politische Bildung.

12 DELEUZE, Gilles; GUATTARI, Félix (2005): Tausend Plateaus. Kapitalismus und Schizophrenie. 6. Auflage. Berlin: Merve-Verlag, 482.

13 Bei dem von DELEUZE und GUATTARI entwickelten philosophischen Konzept des Rhizoms handelt es sich um ein poststrukturalistisches, nicht hierachisches Modell der Wissensorganisation und Weltbeschreibung. DELEUZE und GUATTARI schreiben: „Ein Rhizom kann an jeder Stelle unterbrochen oder zerrissen werden, es setzt sich an seinen eigenen oder an anderen Linien weiter fort" (ebd.: 19). Und weiter: „Ein Rhizom hat weder Anfang noch Ende, es ist immer in der Mitte, zwischen den Dingen, ein Zwischenstück" (ebd.: 41). (Vgl. ebd.: 16–42. Vgl. auch HERBSTREUTH, Peter (2011): Nomadologie. In: Nippa, Annegret (Hg.): Kleines ABC des Nomadismus. Hamburg: Museum für Völkerkunde, 142–143.)

14 Vgl. BOOMERS, Sabine (2004): Reisen als Lebensform. Isabelle Eberhardt, Reinhold

Der „Theorie-Nomade"[15] beziehungsweise die Nomadologie nach DE-
LEUZE und GUATTARI wurde von Wissenschaftlern wie der feministischen
Philosophin Rosi BRAIDOTTI, dem Literaturtheoretiker Michael HARDT
oder dem Medientheoretiker Vilém FLUSSER aufgenommen. Heute ist der
Nomade als Kritik zentralistischer und eindimensionaler Prinzipien ein
gängiges Motiv des Werdens, der Instabilität, Flexibilität und Heterogeni-
tät, welches das Unbestimmte, Transitorische, Wurzellose und Durchlässige
besonders betont. Als solches ist es in aktuellen Diskursen um moderne Nomaden omnipräsent und gipfelt in einer verqueren Romantisierung des ur-
sprünglich negativ geprägten Nomadismusbegriffs[16]. Das Nomadische steht
nunmehr für Freiheit, Unabhängigkeit, Fortschritt sowie Selbstfindung und
-erfüllung.[17]

Seitens empirischer Ausgangspositionen war es neben der traditionell
geographisch-anthropologisch orientierten Forschung zu nomadischen
Mobilitätsmustern und Lebensweisen (siehe Kapitel 2.3) der kanadische Medientheoretiker Marshall McLUHAN, welcher die Diskussion um zukünftige
Nomaden befruchtete. Vor dem Hintergrund tiefgreifender technologischer
Veränderungen des 20. Jahrhunderts stellte McLUHAN in seinem 1964 er-
schienenen Werk ‚Understanding Media' (deutsch: ‚Die magischen Kanäle')
die These auf, dass Menschen zu „nomadische[n] Informationssammler[n],
und zwar so nomadisch wie noch nie, informiert wie noch nie, frei von
hemmender Spezialisierung wie noch nie"[18], würden. In einer elektro-
nisch vernetzten Welt, in der sich alte Dichotomien auflösten und für die

---

Messner und Bruce Chatwin. Frankfurt (Main): Campus-Verlag, 11; DE LANGE (2009):
2–3; DELEUZE/GUATTARI: (2005): 481–585; LIPPHARDT (2015).

15   LIPPHARDT (2015).

16   Der vom griechischen ‚nomás' (soviel wie ‚weidend umherziehend') abgeleitete Begriff
     ‚Nomade' wurde als Fremdzuschreibung durch westliche Außenstehende geprägt. Er
     diente der Differenzierung des sesshaften, fortschrittlichen und zivilisierten ‚Eigenen'
     zum nomadischen, rückständigen und barbarischen ‚Fremden'. (Vgl. LIPPHARDT
     (2015); PRAGER, Laila (2012): Einleitung: Repräsentationen von Nomaden und Sess-
     haften in der ‚Alten Welt'. In: Prager, Laila (Hg.): Nomadismus in der ‚Alten Welt'.
     Formen der Repräsentation in Vergangenheit und Gegenwart. Münster: LIT Verlag,
     2–3.)

17   Vgl. BOOMERS (2004): 11–12; LIPPHARDT (2015).

18   McLUHAN, Marshall (1992): Die magischen Kanäle. Understanding Media. Neuaufla-
     ge. Düsseldorf u. a.: ECON Verlag, 406.

McLuhan die Metapher des ‚globalen Dorfs' geprägt hat, würde der Einzelne „ein beschleunigter, elektronischer Nomade sein – überall unterwegs im globalen Dorf, aber nirgends zu Hause"[19].[20]

In den 1980er-Jahren entwarf der französische Wirtschaftswissenschaftler Jacques Attali eine Typologie des Nomadismus, um eine von ihm antizipierte gesellschaftliche Spaltung zu theoretisieren. Laut Attali werde in der Welt von morgen eine kleine, elitäre Gruppe von ‚Hypernomaden' existieren, welche souverän und unabhängig über technologische Zugänge und Möglichkeiten verfüge, sich frei auf der Erde bewege sowie Informationen produziere und manipuliere. Daneben würde sich die vergleichsweise größere Gruppe der ‚virtuellen Nomaden' herausbilden – eine kontrollierte Arbeitermasse, deren Leben sich in der Virtualität abspiele. Die unterste gesellschaftliche Schicht würden die sogenannten ‚Infranomaden' bilden, welche von allem ausgeschlossen weder online noch in der physischen Realität über nennenswerte Möglichkeiten zur Bewegung verfügten. Damit wird Mobilität in Attalis Zukunftsszenario zum Privileg und Sesshaftigkeit zum Charakteristikum der wirtschaftlich Nutzlosen.[21]

Ferner bediente sich eine Vielzahl weiterer Theoretiker und Wissenschaftler dem nomadischen Motiv. So beschreiben beispielsweise Paul Du Gay et al. im Jahr 1997 einen selbstbewussten, jungen „urban nomad"[22], für welchen der Sony Walkman ein unverzichtbares Accessoire darstelle. Im selben Jahr schreibt der Soziologe Zygmunt Bauman über fünf Bildnisse postmoderner Lebensstrategien, welche sich in der Metapher des Nomaden des 21. Jahrhunderts vereinen.[23]

---

19   McLuhan, Marshall (1995): The global village. Der Weg der Mediengesellschaft in das 21. Jahrhundert. Paderborn: Junfermann, 97.

20   Vgl. Mandl, Elisabeth (2012): Reisesucht. Die Zukunft des Reisens in Zeiten virtueller Mobilität. Bachelorarbeit. Hamburg: Diplomica Verlag GmbH, 23–24.

21   Vgl. Attali, Jacques (2008): Die Welt von morgen. Eine kleine Geschichte der Zukunft. Berlin: Parthas Verlag, 175–181; Holert, Tom (2000): Genius loci. New Economy, Flüchtlingspolitik und die neue Geographie der „Intelligenz".

22   Du Gay, Paul; Hall, Stuart; Janes, Linda; Mackay, Hugh; Negus, Keith (1997): Doing cultural studies. The story of the Sony Walkman. London: SAGE, in Zusammenarbeit mit The Open University, 16.

23   Vgl. Du Gay et al. (1997): 16, 23–24 und 39; Bauman, Zygmunt (1997): Flaneure,

Der Begriff ‚Digital Nomad' schließlich wurde im Jahr 1997 von Tsugio MAKIMOTO und David MANNERS in ihrem gleichnamigen Buch geprägt. Darin beschreiben die beiden Autoren, wie mittels technischer Entwicklungen und im Zuge arbeitsstruktureller Veränderungen das Subjekt der Zukunft künftig selbst über den eigenen (Arbeits-)Aufenthaltsort und Lebensstil entscheiden könne. Sie schreiben:

> *„Within the next decade [...] most people will find that the geographic tie is dissolving. It will happen gradually and people will be slow to realise that a revolution is occurring but, by the end of those ten years, most people in the developed world will find themselves free to live where they want and travel as much as they want. [...] [H]umans will be able to ask themselves: ‚Am I a Nomad or am I a Settler'?"*[24]

Für MAKIMOTO und MANNERS wird das dauerhafte An-einem-Ort-Wohnen damit lediglich zur Option, welcher der durch technologischen Fortschritt ermöglichte, häufige Ortswechsel gleichwertig gegenübersteht.

Im Jahr 2006 verfasste der US-amerikanische Anthropologe Anthony D'ANDREA einen Beitrag, welcher die an die Nomadologie von DELEUZE und GUATTARI angelehnten theoretischen Überlegungen zu individuellen Identitätsformationen mit empirisch basierten Beiträgen zu kontemporären Lebensstilen und sich verändernden Mobilitätspraktiken vereint. Für ihn stellt „Neo-Nomadism"[25] zugleich eine empirische Wirklichkeit wie auch ein Konzept zum Verstehen subjektiver Identitätsbildung im Zeitalter der Globalisierung dar. Dabei seien die Identitäten der neuen Nomaden „not based on ethnic or national nostalgias, but rather on a fellowship of counter-hegemonic practice and lifestyle"[26]. Er beschreibt moderne Nomaden als „displaced people with displaced minds"[27].

Spieler und Touristen. Essays zu postmodernen Lebensformen. Hamburg: Hamburger Edition, 136-163; MANDL (2012): 25-27.

24 MAKIMOTO, Tsugio; MANNERS, David (1997): Digital nomad. Chichester: Wiley, 2-3.

25 D'ANDREA, Anthony (2006): Neo-Nomadism: A Theory of Post-Identitarian Mobility in the Global Age. In: Mobilities 1 (1), 95.

26 Ebd.: 102.

27 Ebd.: 99.

Ein Vorläufer des Digitalen Nomaden, wie er in der vorliegenden Arbeit verstanden wird, wurde erstmals in einem im Jahr 2008 erschienenen Beitrag der britischen Wochenzeitschrift THE ECONOMIST beschrieben. Was den neuen Nomadentypus auszeichne, so der Artikel unter Berufung auf den Soziologen Manuel CASTELLS, sei seine permanente Verbindung zum Internet. Die breite Verfügbarkeit von Wireless Networks erlaube es dem Nomaden, nur mit Laptop oder Smartphone ausgestattet von Café zu Bibliothek zu Café zu ziehen, wissend, dass alles, was er zum Arbeiten, Kommunizieren und Leben benötigt, am Ankunftsort zur Verfügung steht.[28]

Dem Beitrag aus THE ECONOMIST folgten vielfältige, internationale mediale Auseinandersetzungen über die Idee des grenzenlos mobilen, nomadischen Arbeitens und Lebens. So veröffentlichte beispielsweise die Financial Times Deutschland im Dezember 2010 einen Artikel mit der Überschrift „Wohnungslos und Spaß dabei – Digitale Nomaden in New York", in welchem sie eine „neue Kaste von IT-Arbeitern ohne festen Wohnsitz"[29] beschreibt, die in minimalistischer Manier vorwiegend innerhalb der eigenen Stadt, aber zunehmend auch weltweit umherzieht und von unterwegs aus arbeitet. Im Jahr 2014 schreibt die französische Huffington Post über Digitalen Nomadismus als „nouveau mode de vie 2.0"[30] (deutsch: ‚die neue Art des Lebens 2.0‘).[31]

Im Zuge der vermehrten medialen Berichterstattung wuchs auch das öffentliche Interesse. Eine weltweite Google Trends Suche im Zeitraum vom 01. Januar 2008 bis einschließlich 10. März 2018 zeigt eine kontinuierliche Steigerung in der Suche nach dem Schlagwort ‚Digital Nomad‘, wobei vor allem seit Mitte 2015 das Interesse an dem Phänomen deutlich zunimmt (siehe Abbildung 1).

Mittlerweile existiert eine Unzahl massenmedialer Beiträge zu dem Thema. Der in früheren Artikeln noch stark an den heimischen, urbanen Kontext gebundene Digitale Nomade ist nun Weltreisender par excellence.

---

28   Vgl. THE ECONOMIST (2008): Nomads at last.

29   SCHÖN, Gerti (2010): Wohnungslos und Spaß dabei – Digitale Nomaden in New York. Financial Times Deutschland.

30   FILALI-FISCHER, Anissa (2014): Le nomadisme digital: nouveau mode de vie 2.0. Huffington Post Frankreich.

31   Vgl. ebd. und SCHÖN (2010).

Die Berichte sind immer ähnlich: Hippe und erfolgreiche Jungunterneh-
mer oder Online Freelancer – Angehörige einer „digitale[n] Elite"[32] – haben
dem traditionellen Arbeitsleben den Kampf angesagt. Die mutigen Revolutionäre arbeiten – nur mit MacBook und iPhone ausgestattet – von den
schönsten und exotischsten Plätzen dieser Erde. Gestern noch in Chiang
Mai in Thailand oder auf Bali in Indonesien sind sie schon morgen im an-
gesagten Coworking Space[33] in Berlin und vielleicht schon nächste Woche
im Szenecafé auf Teneriffa in Spanien. Inspiriert werden sie von Vorbildern
wie Timothy FERRISS, dem Autor der digitalnomadischen Bibel ‚The 4-Hour
Workweek' (deutsch: ‚Die 4-Stunden-Woche'). FERRISS ruft in diesem Buch
zu wenig, aber effektiver Arbeit auf und identifiziert ortsunabhängig Arbeitende als Teil einer neuen Subkultur – den sogenannten „New Rich"[34]
–, deren Währung Zeit und Mobilität seien und deren Reichtum im Erleb-
ten liege. Die in den Beiträgen beschriebenen, zitierten und abgebildeten
Subjekte sind vorwiegend weiße Westeuropäer, US-Amerikaner, Kanadier
oder Australier, welche – oft nur minimalistisch ausgestattet – den schein-
baren Traum ultimativer nomadischer Freiheit, Unabhängigkeit, Selbstbestimmung und -erfüllung leben. Die Berichte werden häufig mit exotischen
Motiven von am Strand oder von unterwegs aus arbeitenden Individuen
bebildert (siehe Beispiele Abbildung 2 bis Abbildung 4).[35]

---

32   ARTE CREATIVE (2014): Digitale Nomaden.

33   Coworking ist eine neue Form des Arbeitens, deren Hauptakteure Freiberufler, Selbst-
      ständige und Gründer sind. Auch für Angestellte in flexiblen Arbeitsverhältnissen ist
      Coworking relevant. Akteure kommen zeitlich befristet (für einen einzigen Tag oder
      mehrere Tage, Wochen oder Monate) in einem gemieteten Raum, dem Coworking
      Space, zusammen. Vor Ort wird eine Infrastruktur mit Druckern, Scannern, Telefonen
      und Besprechungsräumen zur Verfügung gestellt, wobei in vielen Spaces auch weitere
      Aktivitäten, Workshops und Veranstaltungen angeboten werden. (Vgl. KOSCHEL, Jana
      (2014): „Smells like Teamspirit". Ethnologische Einblicke in die Kultur eines Cowor-
      king Space. München: Utz Verlag, 22–23.)

34   FERRISS, Timothy (2010): The 4-Hour Workweek. Escape 9-5, live anywhere, and join
      the New Rich. New York: Harmony Books, 7.

35   Vgl. ARTE CREATIVE (2014); FERRISS (2010): 7; MEURER, Marcus: Der Impact digita-
      ler Nomaden. In: IM+io (1), 6–7; SENGUPTA, Anuradha (2016): The rise of the digital
      nomad. Gulf News; SPINKS, Rosie (2015): Meet the ‚digital nomads' who travel the
      world in search of fast Wi-Fi. The Guardian; WADHAWAN, Julia (2016): Digitale Noma-
      den: Vier Stunden, mehr nicht!

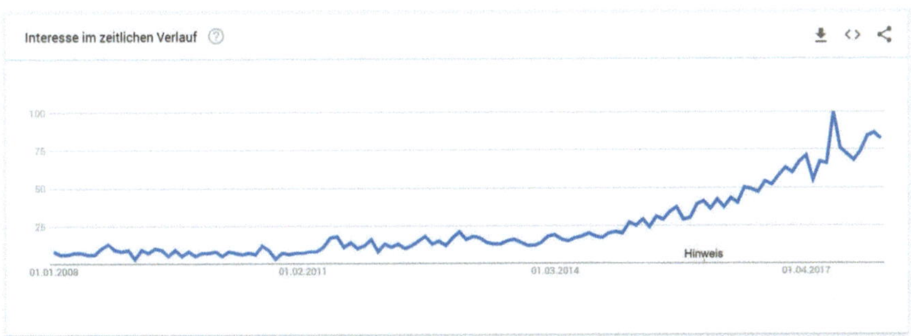

Abb. 1: Entwicklung des Suchbegriffs ‚Digital Nomad' im Zeitraum vom 01. Januar 2008 bis einschließlich 10. März 2018
Quelle: Google Trends

Abb. 2: Die Gründer der DNX-Bewegung Felicia Hargarten und Marcus Meurer beim Arbeiten im Coworking Space auf Bali
Quelle: DNX

Abb. 3: Typisches Motiv des Arbeitens von unterwegs
Quelle: Olivia Poglianich, Lostwithliv.com

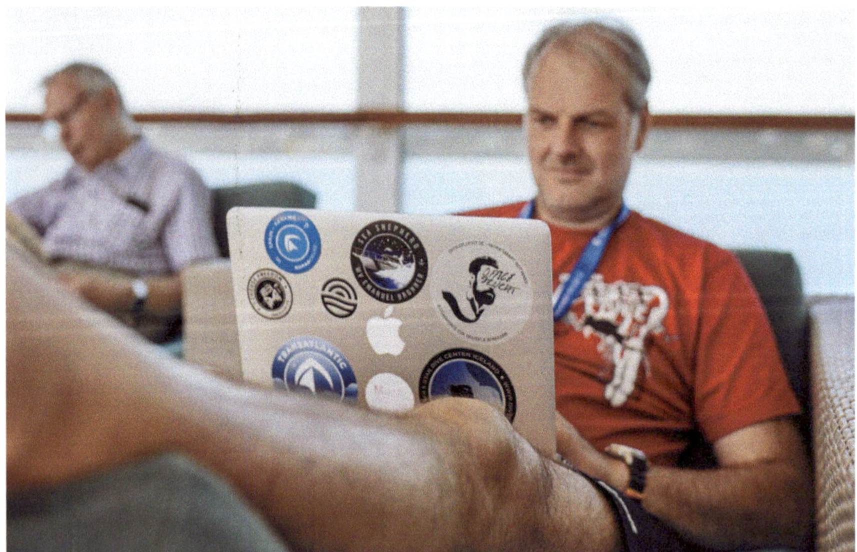

Abb. 4: Ein Digitaler Nomade beim Arbeiten
Quelle: ReneSchiffer.de

Mittlerweile existieren auch einige kritische Beiträge zum digitalnomadischen Lebensstil. Diese werden meist von Digitalen Nomaden selbst verfasst und sind seltener Teil der Berichterstattung durch Mainstreammedien. So kritisiert Sebastian BERLEIN beispielsweise die Egozentrik sowie ökologische, ökonomische und soziale Unnachhaltigkeit der Szene. Er identifiziert Digitalen Nomadismus als neokoloniale Praxis einer privilegierten Elite.[36]

Auch sind einige Filme und Dokumentationen erschienen, welche sich mit dem Thema Digitaler Nomadismus beschäftigen. Nennenswerte Beispiele sind unter anderem ‚Deutschland zieht aus‘, ‚The Wireless Generation‘ oder ‚One way ticket‘. Diese Filme sind meist von Digitalen Nomaden selbst realisiert worden und folgen in weiten Teilen den oben beschriebenen, medialen Narrativen.[37]

Angesichts der regelmäßigen, nationalen und internationalen medialen Rezeption, der relativen Bekanntheit des Phänomens sowie des stetig steigenden öffentlichen Interesses – insbesondere vor dem Hintergrund der in Kapitel 1.1 skizzierten Trends – überrascht die Tatsache, dass eine wissenschaftliche Beschäftigung mit Digitalem Nomadismus bisher kaum stattgefunden hat (Stand: März 2018). Die wenigen zum Thema verfassten Beiträge beschäftigen sich meist nur indirekt oder ausschließlich mit einem speziellen Aspekt der digitalnomadischen Lebensweise. So untersucht die italienische Anthropologin Fabiola MANCINELLI beispielsweise die Vorstellungen und soziale Konstruktion von ‚Home‘ bei ortsunabhängig lebenden Familien. Beth ALTRINGER von der Harvard University interessieren vor allem finanzielle Aspekte des digitalnomadischen Lebensstils. Beverly Yuen THOMPSON untersucht die Einkommensmodelle von Digitalen Nomaden. Zu Digitalem Nomadismus als neuartiges Lebens- und Arbeitsmodell arbeitet derzeit Tourismusexpertin Ina REICHENBERGER, welche individuelle Motivationen und Praktiken Digitaler Nomaden analysiert.[38] Daneben

---

36   Vgl. BERLEIN, Sebastian (2017): Zwischen Sinnkrise und Aufbruch: Eine Kritik und Momentaufnahme zur digitalen Nomadenszene.

37   Vgl. JONISCHKAT, Tim; KOLSCH, Thorsten (o. J.b): Über den Film; THE WIRELESS GENERATION (o. J.): About this film; ONE WAY TICKET (o. J.).

38   Vgl. MANCINELLI, Fabiola (2017): A practice of togetherness: Home imaginings in the life of location-independent families (forthcoming). In: International Journal of Tou-

forscht der australische Kulturanthropologe Sean CASEY von der University of Melbourne zum Thema. Auf persönliche Nachfrage hin erklärte CASEY, dass er im März 2017 mit seinen rund 12 bis 14 Monate dauernden Forschungen begonnen hat. Weitere zum Thema forschende Wissenschaftler oder relevante Publikationen benannte CASEY nicht.

Im deutschsprachigen Raum gilt die Sozialwissenschaftlerin Annika MÜLLER von der Universität Mainz als eine der ersten Forscherinnen, welche sich mit Digitalem Nomadismus beschäftigt hat. MÜLLER weist in ihrem Beitrag vom September 2016 darauf hin, dass bisherige wissenschaftliche Forschungen entweder die Freizeit-, Reise- und Mobilitätspraktiken von Einzelreisenden untersuchen oder es sich um Studien zur Arbeitsmobilität handelt. MÜLLER bemerkt jedoch, dass Digitale Nomaden beide Aspekte – den des Reisens und den des Arbeitens – miteinander vereinen, und identifiziert eine Forschungslücke. Für MÜLLER sind die Hauptcharakteristiken Digitaler Nomaden ‚Ortsunabhängigkeit' und ‚Selbstbestimmung'. Daneben seien Digitale Nomaden flexibel, zeitlich unbestimmt mobil und hätten eine hohe Arbeitsproduktivität. Sie stellt außerdem fest, dass „the term ‚digital nomad' has already become established in the jargon within this social group and is used as a self-description"[39].[40]

2.2 Digitaler Nomadismus als Szene

Das folgende Kapitel widmet sich der groben Charakterisierung der deutschsprachigen Szene Digitaler Nomaden. Dazu werden in Anlehnung an Ronald HITZLER und Arne NIEDERBACHER in Kapitel 2.2.1 zunächst die zentralen Eigenschaften von Szenen vorgestellt. Anschließend werden diese Eigenschaften in Kapitel 2.2.2 auf das Phänomen des Digitalen Nomadis-

---

rism Anthropology 6 (1/2); ALTRINGER, Beth (2015): Globetrotting Digital Nomads: The Future Of Work Or Too Good To Be True? Forbes.com; THOMPSON, Beverly Yuen (2018): Digital nomads: employment in the gig economy; REICHENBERGER, Ina (2017): Digital nomads – a quest for holistic freedom in work and leisure. In: Annals of leisure research 21 (3), 364–380.

39 MÜLLER, Annika (2016): The digital nomad: Buzzword or research category? In: Transnational Social Review 6 (3), 346.

40 Vgl. ebd.: 344–347.

mus übertragen. Ziel ist es, zu zeigen, dass es sich bei Digitalem Nomadismus um einen neuartigen Lebensstil handelt, welcher eigenen Motiven, Werten und Regeln folgt.

2.2.1 Eigenschaften von Szenen nach HITZLER und NIEDERBACHER

HITZLER und NIEDERBACHER verstehen Szenen als thematisch fokussierte Netzwerke von Personen, deren Mitglieder aufgrund des gemeinsamen Interesses an einem bestimmten Thema sowie durch thematisch typische Einstellungen und entsprechende Handlungs- und Umgangsweisen miteinander verbunden sind. Szenen fungieren als „posttraditionale Formen der Gemeinschaftsbildung"[41], welche – anders als bei herkömmlichen Agenturen der Sozialisation wie der Familie – auf Basis einer freien Entscheidung und Auswahl von Individuen ent- beziehungsweise bestehen. Diese Individuen fühlen sich Szenen für einen unbestimmt langen Zeitraum zugehörig.[42]

Zur Erzeugung gemeinsamer Interessen und zur Inszenierung der eigenen Szenezugehörigkeit werden innerhalb von Szenen bestimmte materielle beziehungsweise mentale Bedeutungsträger wie Symbole, Zeichen oder Rituale genutzt. Unter Verwendung dieser tragen Szenegänger zur Konstitution, Stabilisierung und Transformation der Szene bei. Szenen entwickeln auf diesem Wege ihre eigene Dynamik und Kultur.[43]

Szenen haben typischerweise Treffpunkte, das heißt Punkte, von denen der Szenegänger weiß, dass die Chancen, andere Szenegänger dort zu treffen, sehr hoch sind. Üblich ist auch das Zusammenkommen zu bestimmten Events. Momente und Möglichkeiten des Zusammentreffens dienen dabei der Entwicklung, Aktualisierung, Restaurierung und Intensivierung von Zugehörigkeitsgefühlen.[44]

Innerhalb von Szenen existieren unterschiedlich thematisch ausgerichtete Gruppierungen, deren Mitglieder sich persönlich mehr oder weniger

---

41   HITZLER, Ronald; NIEDERBACHER, Arne (2010): Leben in Szenen. Formen juveniler Vergemeinschaftung heute. 3. Auflage. Wiesbaden: VS Verlag, 13.
42   Vgl. ebd.: 13–17.
43   Vgl. ebd.: 17–19.
44   Vgl. ebd.: 19–22.

gut kennen. Jedoch stehen nicht notwendigerweise alle Szenemitglieder in persönlichem Kontakt. Szenen weisen außerdem bestimmte Organisationsstrukturen auf, denn nicht alle Gruppen innerhalb der Szene haben die gleiche Wichtigkeit. Häufig bildet sich eine Organisationselite heraus, welche meist aus langjährigen Szenegängern besteht und die Strukturierung von Szenetreffpunkten sowie die Veranstaltungsproduktion übernimmt. Diese ‚Elite-Mitglieder‘ nehmen gegenüber ‚normalen Szenegängern‘ privilegierte Stellungen ein. Sie führen die Szene an und tragen meist zu deren Kommerzialisierung bei.[45]

2.2.2 Die digitalnomadische Szene

Das zentrale Thema der deutschen Szene Digitaler Nomaden ist das Interesse an selbstbestimmtem, ortsunabhängigem Arbeiten. ‚Selbstbestimmung‘ sowie ‚Ortsunabhängigkeit‘ werden dabei innerhalb der Szene vielfältig interpretiert, wodurch sich eine Vielzahl an inhaltlichen Untermotiven ergibt. Dies wird beispielhaft bei der Betrachtung der Blogs www.planetbackpack.de von Conni BIESALSKI (laut eigenen Angaben 130.000 eindeutige Besucher im Monat, Stand Januar 2017), www.travelicia.de von Felicia HARGARTEN (nach eigenen Angaben 72.000 eindeutige Besucher pro Monat, Stand Februar 2017) und www.earthcity.de beziehungsweise www.citizencircle.de[46] von Tim CHIMOY (keine offizielle Angabe der Besucherzahlen) deutlich[47] (siehe Abbildung 5 bis Abbildung 7).[48]

---

45 Vgl. HITZLER/NIEDERBACHER (2010): 20–24.

46 Im Laufe der Recherchen wurde der Blog www.earthcity.de in www.citizencircle.de umbenannt.

47 Diese Auswahl wurde anhand der Reichweite der Blogs sowie der relativen Bekanntheit der drei Blogbetreiber innerhalb der Szene Digitaler Nomaden getroffen (alle drei sind beispielsweise Hauptprotagonisten des Dokumentarfilms ‚Deutschland zieht aus‘). Die von der Auswahl abgeleiteten Informationen sind jedoch keinesfalls abschließend. Es entsteht beispielsweise der Eindruck, es handle sich bei Digitalen Nomaden ausschließlich um kinderlose Einzelpersonen oder Paare. Dies ist jedoch nicht der Fall. Christian KATOLL und Katie KATOLL von www.diesundancefamily.com reisen beispielsweise mit ihren sechs Kindern. (Vgl. JONISCHKAT, Tim; KOLSCH, Thorsten (o. J.a): Protagonisten; DIESUNDANCEFAMILY (o. J.): Über uns.)

48 Vgl. BIESALSKI, Conni (o. J.b): Presse & Vorträge; HARGARTEN, Felicia (o. J.b): PR & Media.

Der Blog für Digitale Zen Nomaden & Reisende mit offenem Herzen.
Lerne die Kunst des bewussten Lebens mit Office im Rucksack.

Abb. 5: Ausschnitt der Startseite von Planetbackpack
Quelle: www.planetbackpack.de

Auf Biesalskis Blog stehen Themen wie Spiritualität, Achtsamkeit, Ganzheitlichkeit, Gesundheit, Freiheit und Reiselust im Vordergrund. Sie schreibt beispielsweise, dass sie ihre Website an „Digitale Zen Nomaden & Reisende mit offenem Herz"[49] richtet und bietet ihren Besuchern an, „die Kunst des bewussten Lebens mit Office im Rucksack"[50] zu erlernen.[51]

Der Blog ‚Travelicia' steht vor allem für Reiseabenteuer, Reiselust, Mut und Rebellion. Felicia Hargarten fragt: „Du träumst davon, eine längere Backpacking- oder Weltreise zu machen und endlich (wieder) jede Menge Abenteuer zu erleben?"[52] Daneben erzählt sie ausführlich ihre eigene Lebensgeschichte, von einem unbefriedigenden Alltag mit Festanstellung in Deutschland und dem Moment, an dem sie „das Gefühl [hatte], dass ich platze, wenn ich jetzt nicht kündige"[53]. Nach ihrer Kündigung wurde Hargarten zur selbst erklärten glücklichen Digitalen Nomadin.[54]

Tim Chimoys Blog dreht sich primär um die Themen kreative Selbstständigkeit und persönliche Weiterentwicklung. In seinen Blogartikeln gibt er unter anderem Ratschläge, nach welchen Kriterien angehende Digitale Nomaden ihr Geschäftsmodell aussuchen sollten oder wie Erfolg durch Selbstreflexion und Einfühlungsvermögen gesteigert werden kann. Die digitalnomadischen Grundmotive sind bei Chimoy damit eng an Unternehmer- und Freidenkertum gebunden.[55]

Allen drei Bloggern ist außerdem ein ‚bewusstes Sein' wichtig. Für Hargarten sind Yoga, Meditation und eine vegane Ernährung bedeutende Bestandteile ihres digitalnomadischen Alltags. Mit ihrer Charity-Aktion ‚#streetkidsbrazil' unterstützte sie im Jahr 2016 bedürftige Straßenkinder in Brasilien. Daneben engagiert sie sich für den Tierschutz. Auch Biesalski praktiziert Yoga, meditiert, ist Veganerin und versteht sich als ho-

---

49   Biesalski, Conni (o. J.a): Home Planetbackpack.
50   Ebd.
51   Vgl. ebd.; Biesalski, Conni (o. J.c): Über mich.
52   Hargarten, Felicia (o. J.a): Neu hier?
53   Hargarten, Felicia (o. J.c): Über mich.
54   Vgl. ebd.; Hargarten (o. J.a).
55   Vgl. Citizen Circle (o. J.a): Citizen Circle Blog; Citizen Circle (o. J.c): Lebe nach deinen eigenen Regeln und arbeite ortsunabhängig.

Abb. 6: Ausschnitt der Startseite von Travelicia
Quelle: www.travelicia.de

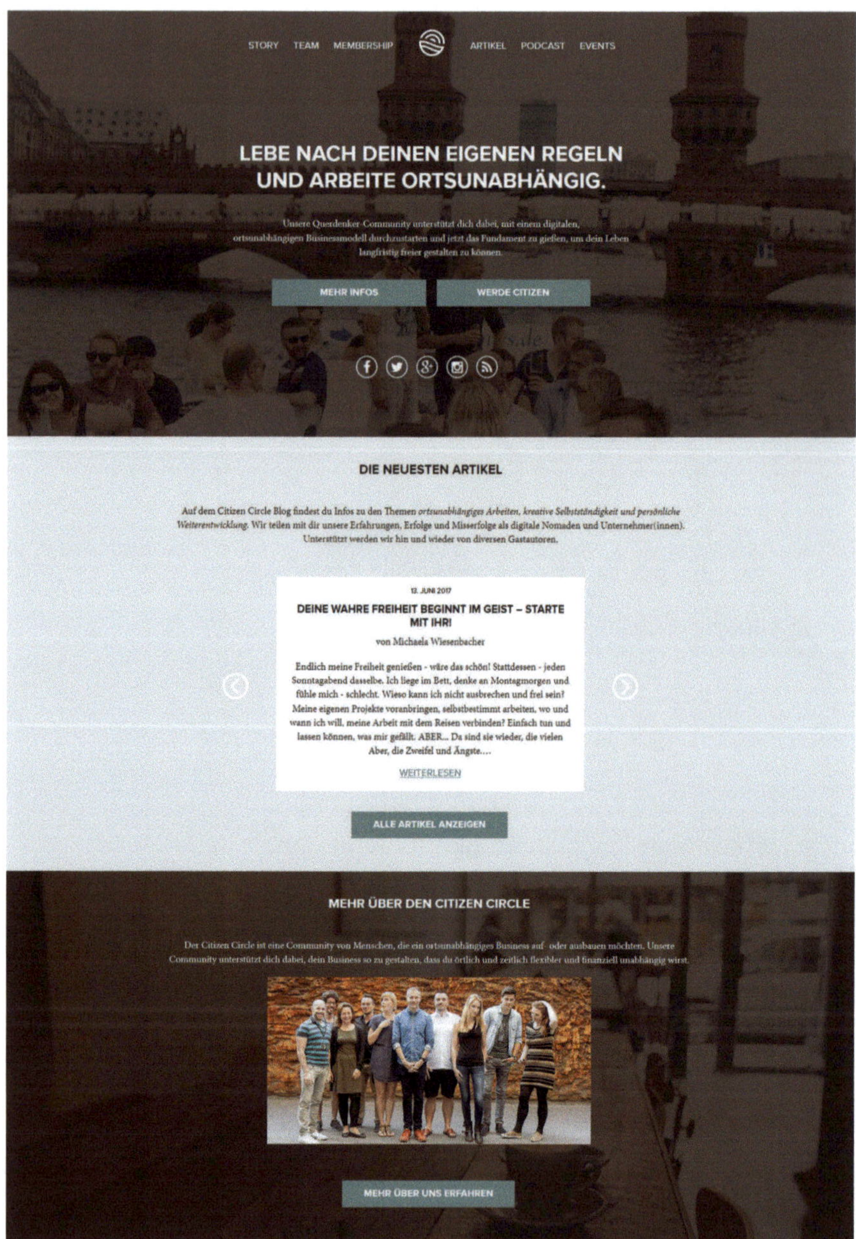

Abb. 7: Ausschnitt der Startseite von Earthcity beziehungsweise Citizen Circle
Quelle: www.citizencircle.de

listische ‚Lifestyle Designerin‘[56]. Bei CHIMOY äußert sich das Motiv etwas subtiler; er schreibt beispielsweise davon, „nachhaltige und sinnstiftende Businessmodelle"[57] realisieren zu wollen, oder weist auf die ethischen Schwierigkeiten von Billigkleidung hin. Im Rahmen ihres bewussten Lebensstils verfolgen alle drei Szeneinfluencer zudem eine minimalistische Lebensführung.[58]

Am Beispiel von BIESALSKI, HARGARTEN und CHIMOY lässt sich auch die Ausbildung bestimmter organisatorischer Strukturen innerhalb von Szenen nachvollziehen. Alle drei Online-Unternehmer gehören zur ersten Generation Digitaler Nomaden, ihre jeweiligen Blogs existieren seit dem Jahr 2012. BIESALSKI, HARGARTEN und CHIMOY tragen aktiv zur Strukturierung und Kommerzialisierung der deutschen Szene Digitaler Nomaden bei. BIESALSKI beispielsweise gibt regelmäßig Interviews und hält Vorträge über Digitales Nomadentum und verwandte Themen, CHIMOY lädt zum sogenannten ‚Citizen Circle‘ Meetup[59] und HARGARTEN ist Mitbegründerin der DNX-Bewegung. Alle drei sind außerdem regelmäßig Bestandteil massenmedialer Berichterstattungen. Sie sind damit Teil der Organisationselite der deutschsprachigen digitalnomadischen Szene.[60]

Parallel wird der Netzwerkcharakter der deutschen digitalnomadischen Szene deutlich. So ist Conni BIESALSKI beispielsweise eine der Eröffnungsrednerinnen der DNX Berlin 2017 und im Interview auf Tim CHIMOYS Blog beantwortet sie Fragen zum Digitalen Nomadenleben. Marcus MEURER,

---

56   Das Konzept des Lifestyle Design geht zurück auf Timothy FERRISS. Gemeint ist die Idee, die persönlichen Ziele kritisch zu überprüfen und das eigene Leben so auszurichten, dass der gewünschte Lebensstil Realität wird. (Vgl. FERRISS (2010): 7–8.)

57   CHIMOY, Tim (2015c): Multilokal: Digitale Nomaden werden erwachsen.

58   Vgl. BIESALSKI: (o. J.c); CHIMOY, Tim (2015b): Minimalismus: Einfachheit ist nicht einfach; HARGARTEN, Felicia (2016): Reisen und Gutes tun: 6 Reisende zeigen wie es geht!; HARGARTEN (o. J.c).

59   Der ‚Citizen Circle‘ ist eine von CHIMOY gegründete Online Community, welche Unterstützung beim Aufbau eines ortsunabhängigen Businessmodells bietet. (Vgl. CITIZEN CIRCLE (o. J.b): Citizen Circle Konferenz 2017.)

60   Vgl. BIESALSKI (o. J.b); CITIZEN CIRCLE (o. J.b). und HARGARTEN (o. J.b).

Partner von HARGARTEN und Mitbegründer der DNX-Bewegung, spricht im Podcast[61] von CHIMOY über ‚Lifehacks‘ und effizientes Arbeiten.[62]

Der Austausch und die Vernetzung untereinander findet auch auf Events statt. HITZLER und NIEDERBACHER schreiben über Szeneevents, dass

> *„unterschiedliche Unterhaltungsangebote nach szenetypischen ästheti-schen Kriterien kompiliert oder synthetisiert werden, wodurch [..] ein interaktives Spektakel zusammenkommt, das […] mit dem Anspruch einhergeht, den Teilnehmenden ein ‚totales Erlebnis‘ zu bieten“[63].*

Dies lässt sich auf die Events Digitaler Nomaden übertragen. Der sogenann-te ‚Nomad Cruise‘, eine rund zweiwöchige Kreuzschifffahrt für circa 150 Digitale Nomaden und Gleichgesinnte, auf welcher szenetypische Aktivitäten wie Vorträge, Workshops, Masterminds[64], Yoga, Meditation, Inselexkursio-nen und Poolparties angeboten werden, wirbt mit dem Slogan „Join us on the journey of a lifetime“[65]. Die Digitale Nomaden Konferenz DNX (heute

---

61   Podcasts sind seriell angelegte Audio- oder Videofiles, welche vom Anbieter auf einem Server als Feed angeboten werden. Mittels einer speziellen Software kann der Nutzer, unabhängig vom Zeitpunkt des Bezuges, die Dateien jederzeit anhören beziehungs-weise betrachten. Viele Digitale Nomaden haben ihre eigenen Podcasts, auf welchen sie zu unterschiedlichen Themen wie Digitales Nomadentum, Businessdevelopment, Spiritualität und Ähnlichem sprechen. (Vgl. QUANDT, Thorsten (2013): Podcast. In: Bentele, Günter; Brosius, Hans-Bernd; Jarren, Otfried (Hg.): Lexikon Kommunika-tions- und Medienwissenschaft. 2. Auflage. Wiesbaden: Springer VS, 266; EARTHCITY (o. J.): WE LOVE MONDAYS. Der Podcast; MEURER, Marcus (o. J.): Home Welcome to the show.)

62   Vgl. CHIMOY, Tim (2013): „Das Leben ist schließlich zum Leben da und nicht zum Arbeiten“ – Interview mit Conni; CHIMOY, Tim (2015a): I Love Mondays 020: Marcus Meurer über Life Hackz und effizientes Arbeiten; MEURER, Marcus (2015): Interview mit Johannes Völkner von WebWorkTravel.

63   HITZLER/NIEDERBACHER (2010): 21–22.

64   Das englische Wort ‚Mastermind‘ bedeutet so viel wie ‚Genie‘ oder ‚Vordenker‘. Das Konzept wurde von dem US-Amerikaner Napoelon HILL in seinem bereits 1937 er-schienenen Buch ‚Think and Grow Rich‘ (deutsch: ‚Denke nach und werde reich‘) vorgestellt, erlangte aber erst in jüngerer Zeit vermehrt Aufmerksamkeit. Gemeint ist eine Gruppe an Menschen, welche sich längerfristig bei der Erreichung der eigenen Ziele – vorrangig im Bereich der Unternehmensgründung – unterstützt. (Vgl. BURNS, Stephanie (2013): 7 Reasons To Join A Mastermind Group. Forbes.com.)

65   NOMAD CRUISE (o. J.b): Home.

Abb. 8: Teilnehmer eines Nomad Cruise
Quelle: ReneSchiffer.de

Abb. 9: Teilnehmer eines DNX Camps
Quelle: DNX

DNX Festival) wirbt mit dem Spruch: „Achtung: Die DNX verändert Dein Leben! Es wird nichts mehr so sein wie es mal war!"[66] Die sogenannten ‚DNX Camps' – mehrwöchige Coliving- und Coworking-Aufenthalte an exotischen Orten der Erde – versprechen „amazing adventures with like-minded people"[67], „experiences and memories that will last for the rest of your life"[68] sowie „to bring [ones] business to the next level"[69]. Beworben werden die jeweiligen Events mit stereotypischen Bildern glücklicher, energetischer, überwiegend jüngerer und meist weißer Menschen beim Arbeiten, Meditieren oder Networken (siehe Abbildung 8 bis Abbildung 11).[70]

Auch die für Szenen charakteristische Existenz mehr oder weniger verbindlicher Treffpunkte trifft im Fall von Digitalem Nomadismus zu. Treffpunkte Digitaler Nomaden existieren sowohl im virtuellen Raum als auch offline. Online-Facebook-Gruppen bilden einen wichtigen Ort des Austausches und der globalen Vernetzung. Entsprechende Gruppen werden meist von den Organisationseliten der Szene gegründet und verwaltet[71]. Daneben können Coworking Spaces aufgrund ihrer spezifischen Angebots- und Organisationsstruktur und der damit verbundenen hohen Wahrscheinlichkeit, an diesen Orten auf Gleichgesinnte zu treffen, als Lokalitäten angesehen werden, an denen Digitale Nomaden ihre intersubjektiven Wir-Gefühle manifestieren, aktualisieren und reproduzieren.

Nicht ganz eindeutig identifizieren lassen sich die für Szenen typischen Symbole, Zeichen und Rituale. Im virtuellen Raum ist ein gängiges Motiv zur Inszenierung der eigenen Szenezugehörigkeit die (Selbst-)Präsentation

---

66   DIGITALE NOMADEN KONFERENZ DNX (o. J.c): Tickets.

67   DNX CAMPS (o. J.): Why should I join DNX CAMPS?

68   Ebd.

69   Ebd.

70   Vgl. ebd.; DIGITALE NOMADEN KONFERENZ DNX (o. J.a); NOMAD CRUISE (o. J.a): Colombia – Portugal 2017.

71   Als Beispiele können die Facebook-Gruppen ‚DNX Digitale Nomaden & Lifehacker Community [Deutsch]', ‚DNX Digital Nomad & Lifehacker Community [English]' und ‚DNX Nómades Digitales Community [Español]', welche von HARGARTEN und MEURER verwaltet werden, ‚Global Digital Nomad Network', welche von VÖLKNER organisiert wird, ‚Nomad Soulmates' – einer Dating-Gruppe für Digitale Nomaden und Gleichgesinnte – oder Gruppen mit regionalen Ausprägungen wie ‚Digitale Nomaden Berlin' (von Marcus MEURER mitorganisiert) oder ‚Bali Digital Nomads' genannt werden.

Abb. 10: Nomad Cruise Teilnehmer machen Yoga auf dem Schiff
Quelle: ReneSchiffer.de

Abb. 11: DNX Camp Teilnehmer beim Meditieren
Quelle: DNX

des Arbeitens am Laptop in nicht-traditionellen Umgebungen beziehungsweise in unterschiedlichen Lokalitäten und vor unterschiedlichen Kulissen.
BIESALSKI beispielsweise zeigt sich mit einem Smoothie in der Hand am
Laptop im Café sitzend; auf einem anderen Bild arbeitet sie in einem anderen Café im Bikinioberteil. HARGARTEN sitzt auf einem ihrer Fotos mit
Kopfhörern und Laptop am Strand. Daneben sind Motive, welche die Blog-
protagonisten beim Yoga oder Meditieren oder vor exotischen und/oder
weitläufigen Naturlandschaften zeigen, typisch.[72] Oft wird Zugehörigkeit in
virtuellen und realen Umgebungen auch bewusst über mehr oder weniger
verbindliche Symbole wie Eventlogos oder Wort-Bild-Marken ausgedrückt.
Viele Laptops ziert zum Beispiel das Logo des Nomad Cruise (siehe auch
Abbildung 4 auf Seite 22).

2.3   Digitaler Nomadismus und
räumliche Mobilität

Das folgende Kapitel widmet sich der Darstellung des digitalnomadischen
Mobilitäts- und Residenzverhaltens. Es zeigt auf, wie sich Digitale Nomaden
im Raum bewegen. In Kapitel 2.3.1 werden dazu zunächst unterschiedliche
Mobilitätskonzepte vorgestellt. Im Anschluss wird in Kapitel 2.3.2 exempla-
risch das Mobilitäts- und Residenzverhalten der Digitalen Nomaden BIE-
SALSKI, HARGARTEN und CHIMOY beschrieben. Abschließend wird dieses
Mobilitäts- und Residenzverhalten in Kapitel 2.3.3 mit den zuvor vorgestellten räumlichen Mobilitätskonzepten verglichen und diskutiert. Ziel ist es,
zu zeigen, dass es sich bei dem Mobilitäts- und Residenzverhalten Digitaler
Nomaden um eine neuartige Form räumlicher Mobilität handelt, welche
durch bisherige räumliche Mobilitätstheorien nur unvollständig abgebildet
wird.

---

72   Vgl. BIESALSKI (o. J.c); HARGARTEN (o. J.c).

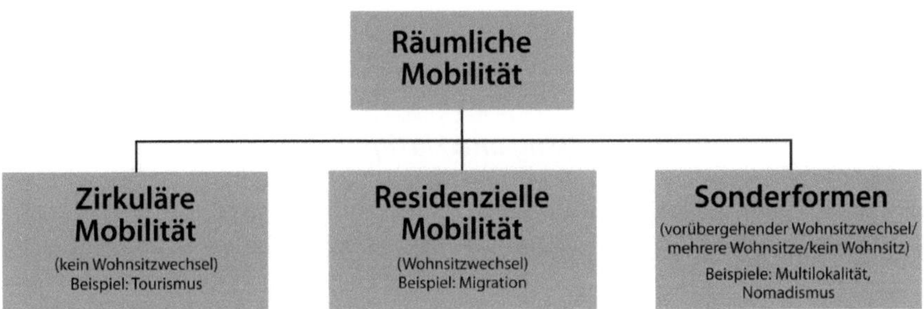

Abb. 12: Ausprägungen räumlicher Mobilität
Quelle: Eigene Darstellung

2.3.1 Unterschiedliche Arten räumlicher Mobilität

Allgemein bezeichnet Mobilität die Bewegung von Personen über Strukturen hinweg. Sie kann somit nur vor dem Hintergrund eines Bezugssystems verstanden werden, welches im Fall der territorialen Mobilität[73] geographisch-räumlich ist. Räumliche Mobilität findet entweder zirkulär als Positionswechsel, welcher von der Wohnung ausgeht und zu dieser zurückführt (zum Beispiel im Rahmen von touristischen Aktivitäten), oder residenziell, als Positionswechsel mit gleichzeitigem Wohnsitzwechsel (beispielsweise im Fall von Migration), statt. Daneben existieren Sonderformen der Mobilität, bei welchen entweder ein vorübergehender Wohnsitzwechsel vollzogen wird, parallel mehrere Wohnsitze aufrecht erhalten werden oder gar kein Wohnsitz existiert. Beispiele für solche Sonderformen sind Multilokalität oder nomadische Lebensweisen.[74]

Abbildung 12 zeigt eine überblicksartige Klassifizierung räumlicher Mobilität. Zu beachten ist, dass einzelne Mobilitätsformen fließend ineinander übergehen können. Einer solchen Kategorisierung haftet daher immer et-

---

73 Üblich ist die Unterscheidung zwischen räumlicher beziehungsweise territorialer und sozialer Mobilität. Räumliche Mobilität meint dabei Ortsveränderungen im weitesten Sinne, soziale Mobilität umfasst die Möglichkeit und Fähigkeit, innerhalb einer Gesellschaft bestehende soziale Segmentierungen zu überwinden, also die soziale Position zu wechseln. Beide Mobilitätsformen stehen in enger Wechselwirkung zueinander. (Vgl. HRADIL, Stefan (2002): Mobilität. In: Endruweit, Günter; Trommsdorff, Gisela (Hg.): Wörterbuch der Soziologie. 2. Auflage. Stuttgart: Lucius & Lucius, 368.)

74 Vgl. HRADIL (2002): 368–369.

was Künstliches und Willkürliches an. Sie hilft jedoch, systematische Aussagen zu treffen sowie die Spezifika digitalnomadischer Mobilität aufzuzeigen.

Zirkuläre Mobilität: Backpacking und Flashpacking

Backpacking und Flashpacking sind Formen von Tourismus. Der Begriff Tourismus umfasst nach Angaben der UNWTO

> *„die Aktivitäten von Personen, die an Orte außerhalb ihrer gewohnten Umgebung reisen und sich dort zu Freizeit-, Geschäfts- oder bestimmten anderen Zwecken nicht länger als ein Jahr ohne Unterbrechung aufhalten."*[75]

Charakteristisch für diese Art der Mobilität sind demnach ein Ortswechsel von Personen von ihrem gewöhnlichen Aufenthaltsort (ihrem Zuhause) hin zu einem anderen Ort (in der Fremde) sowie der vorübergehende Aufenthalt an diesem fremden Ort.[76]

Unter Backpacking wird eine Reiseform verstanden, deren Anhänger als

> *„Individualreisende [..] über längere Zeit von mehreren Monaten bis hin zu mehreren Jahren mit geringem Budget, möglichst spontan und unkonventionell die Welt erkunden."*[77]

Klassischerweise übernachten Rucksacktouristen in Hostels (günstigen Unterkünften mit Mehrbettzimmern und Selbstverpflegung), wobei sie selten im Voraus buchen und die Reiseroute wie auch Verweildauer am Aufenthaltsort überwiegend nicht planen.[78]

---

75 UNWTO zitiert nach SCHMUDE, Jürgen; NAMBERGER, Philipp (2010): Tourismusgeographie. Darmstadt: WBG, 2.

76 Vgl. FREYER, Walter (2006): Tourismus. Einführung in die Fremdenverkehrsökonomie. 8. Auflage. München: Oldenbourg, 1–4; SCHMUDE/NAMBERGER (2010): 2.

77 KRÖGER, Sarah; VETTER, Andrea (2009): Beobachtungen zum Backpacking – eine Einführung. In: Kröger, Sarah; Vetter, Andrea (Hg.): Weltweitweg. Beobachtungen zum Backpacking. Münster: LIT Verlag, 7.

78 Vgl. KRÖGER/VETTER (2009): 7.

Backpacker suchen vor allem Authentizität, Abenteuer und persönliche Weiterentwicklung. In seinen Ursprüngen ist diese Reiseform eng mit der US-amerikanischen Hippiebewegung der 1960er-Jahre verbunden und wurde im Rahmen dieser als alternative, der Mehrheitsgesellschaft gegenläufige Lebensform konzipiert. Heutzutage hingegen ist die Rucksackreise für die meisten Jugendlichen zu einer berufs- und erfolgsorientierten Qualifikationsstrategie als Vorbereitung auf das Arbeitsleben avanciert. Modernes Backpacking ist ein Massenphänomen, welches entlang einer entsprechenden touristischen Infrastruktur verläuft. Die meisten zeitgenössischen Backpacker planen, so VETTER, eine ‚Rückkehr‘ in ein ‚normales‘ Leben.[79]

Eine Weiterentwicklung des klassischen Backpackers sind sogenannte Flashpacker. Flashpacker sind älter und wohlhabender als Backpacker und legen mehr Wert auf Komfort. Sie nutzen je nach Umgebung eine Reihe unterschiedlicher Übernachtungsmöglichkeiten, legen aber ähnlich wie Backpacker Wert auf Abenteuer und Authentizität. Ferda VAN VAALS beschreibt sie als „adventurer who completely rel[y] on the World Wide Web and its technological progress"[80]. Konsequenterweise reisen Flashpacker mit moderner Technologie, sie haben Laptop oder Smartphone stets dabei und nutzen diese zur Organisation, jedoch nicht zum Arbeiten während ihrer Reise. Flashpacker geben, so MÜLLER, das eigene Angestelltenverhältnis vor Reisebeginn meist auf oder pausieren dieses. Wie Backpacker konzipieren Flashpacker ihre Reise als zeitlich befristet, eine ‚Rückkehr‘ in ein Leben ‚nach der Reise‘ wird angestrebt.[81]

---

79   Vgl. KRÖGER/VETTER (2009): 7–8; VETTER, Andrea (2009): Globale Vagabunden. Selbsterfahrung auf der Dauerreise. In: Kröger, Sarah; Vetter, Andrea (Hg.): Weltweitweg. Beobachtungen zum Backpacking. Münster: LIT Verlag, 36.

80   VAN VAALS, Ferda (2012): The Future of Backpacking. A scenario planning approach to the backpacker's travel behaviour. European Tourism Futures Institute, 4.

81   Vgl. MÜLLER (2016): 345–346; VAN VAALS (2012): 4 und 12–13.

Residenzielle Mobilität: Arbeitsmigration und ‚lifestyle migration'

Unter Migration wird eine räumliche Veränderung des Lebensmittelpunktes[82] einer oder mehrerer Personen verstanden. Sie kann anhand verschiedener Kriterien wie zum Beispiel der Distanz, Richtung, Dauer, Frequenz, Freiwilligkeit beziehungsweise Unfreiwilligkeit der Bewegung, den Wanderungsmotiven, anhand des rechtlichen Status des Migranten, der Form der Arbeitsintegration oder der migrationsbestimmenden Faktoren (‚Push'- und ‚Pull'-Faktoren) klassifiziert werden.[83]

Für die hier vorliegenden Betrachtungen sind vor allem die Migrationsformen ‚Arbeitsmigration' und die sogenannte ‚lifestyle migration' relevant.

Unter Arbeitsmigration versteht OLTMER die „Migration zur Aufnahme [einer] unselbstständige[n] Erwerbstätigkeit in Gewerbe, Landwirtschaft, Industrie und im Dienstleistungsbereich"[84]. Sie wird meist zum Zweck der Verbesserung der ökonomischen und sozialen Position vollzogen und findet klassischerweise von ärmere in reichere Volkswirtschaften statt. Übliche Vorstellungen über Arbeitsmigranten sind stark ideologisch aufgeladen. Die unter dem Wort ‚Immigranten' zusammengefassten Personen werden überwiegend als arm, schlecht ausgebildet, illegal und/oder nicht-weiß konstruiert. Eine besondere, positiv konnotierte Form der Arbeitsmigration stellen hingegen sogenannte ‚Expatriates' (kurz ‚Expats') dar. Es handelt

---

82   Ein Verständnis von Migration als bloße Bewegung im Raum ist allerdings verkürzt. Für die Soziologin Ingrid OSWALD ist Migration vor allem eine soziale Situation mit räumlicher Komponente. Sie geht einher mit einer Veränderung des sozialen Beziehungsgeflechtes sowie vielfältigen Grenzerfahrungen und bestimmt Herkunfts-, Transit- und Zielräume sowie -gesellschaften mit. Die Sozialgeographin Felicitas HILLMANN weist auf die hohe Komplexität und Widersprüchlichkeit von Migration hin und betont deren Einbettung in globale, strukturelle Ungleichgewichte. In ihrer Vielschichtigkeit ist Migration damit ein höchst interdisziplinäres Forschungsfeld. (Vgl. OSWALD, Ingrid (2007): Migrationssoziologie. Konstanz: UVK, 13–19; HILLMANN, Felicitas (2014): Migration. In: Lossau, Julia; Freytag, Tim; Lippuner, Roland (Hg.): Schlüsselbegriffe der Kultur- und Sozialgeographie. Stuttgart: Ulmer, 108–109.)

83   Vgl. HAN, Petrus (2000): Soziologie der Migration. Stuttgart: Lucius & Lucius, 7; HILLMANN, Felicitas (2016): Migration. Eine Einführung aus sozialgeographischer Perspektive. Stuttgart: Franz Steiner Verlag, 17–22; NAUCK, Bernhard (2002): Migration. In: Endruweit, Günter; Trommsdorff, Gisela (Hg.): Wörterbuch der Soziologie. 2. Auflage. Stuttgart: Lucius & Lucius, 362.

84   OLTMER, Jochen (2012): Globale Migration. Geschichte und Gegenwart. München: Verlag C.H. Beck, 20.

sich meist um hochqualifizierte (westliche) Fachkräfte, welche für einen vorübergehenden Zeitraum – oft zusammen mit ihren Familien – an eine ausländische Zweigstelle eines multinational tätigen Unternehmens entsandt werden. Beide Begrifflichkeiten werden aufgrund ihrer rassistischen, nationalistischen und sexistischen Implikationen innerhalb der Wissenschaftsgemeinde kontrovers diskutiert.[85]

Die sogenannte ‚lifestyle migration‘ zählt zu den freiwilligen Kultur- und Wohlstandswanderungen. Diese finden anders als die primär wirtschaftlich oder politisch getriebene Arbeitsmigration vor allem aus kulturellen, klimatischen oder gesundheitlichen Gründen statt. Die Umsiedler sind vergleichsweise wohlhabend. BENSON und O'REILLY schreiben über lifestyle migrants:

> *„[L]ifestyle migrants are relatively affluent individuals of all ages, moving either part-time or full-time to places that, for various reasons, signify, for the migrant, a better quality of life.“*[86]

Lebensstilorientierten Migranten geht es primär um die Möglichkeit zur Selbstverwirklichung. Sie begreifen sich als aktiv Handelnde, die ihr Leben durch Migration selbst in die Hand nehmen und denen der Ortswechsel die Findung ihres ‚wahren Selbst‘ und die Hinkehr zu einem ‚wertvollen Leben‘ ermöglicht. Lifestyle migrants wandern häufig von Norden nach Süden beziehungsweise entlang ehemaliger kolonialer Achsen. Als überwiegend westliche Subjekte haben sie einen vergleichsweise einfachen Zugang zu Visa oder anderen staatlichen Genehmigungen. Ihre Migration zeichnet sich durch eine intendierte Dauerhaftigkeit und den Wunsch, sich ein ‚neues Zuhause‘ beziehungsweise ‚neues Leben‘ aufzubauen, aus. Vor Ort arbei-

---

85 Vgl. McNULTY, Yvonne; BREWSTER, Chris (2016): The concept of business expatriates, 4–6; MOOSMÜLLER, Alois (2007): Lebenswelten von ›Expatriates‹. In: Straub, Jürgen; Weidemann, Arne; Weidemann, Doris (Hg.): Handbuch interkulturelle Kommunikation und Kompetenz. Grundbegriffe – Theorien – Anwendungsfelder. Stuttgart/Weimar: Metzler, 480–481; SUBTIRELU, Nicholas (2015): Expats and immigrants: How we talk about human migration.

86 BENSON, Michaela; O'REILLY, Karen (2009): Migration and the search for a better way of life: a critical exploration of lifestyle migration. In: Sociological Review 57 (4), 609.

ten lifestyle migrants oftmals als Selbstständige im Hotel- und Gastgewerbe oder im Immobiliensektor.[87]

Sonderformen räumlicher Mobilität: Multilokalität und traditioneller Nomadismus

Multilokalität[88] wird als die Verteilung der Gesamtheit der individuellen Lebenspraxis auf mehrere Orte verstanden. Diese Orte werden in regelmäßigen Abständen aufgesucht und in verschieden großer Funktionsteilung genutzt.[89]

Für HESSE und SCHEINER bildet das Vorhandensein mehrerer Wohnstandorte, welche sie als „mehr oder weniger auf Langfristigkeit angelegte ‚Basen' für die Abwicklung des Alltags, nicht etwa Hotelaufenthalte oder Urlaubsstandorte"[90] definieren, das zentrale Element multilokaler Lebensweisen. Die beiden Autoren identifizieren sechs Typen multilokalen Wohnens, wobei für die vorliegenden Betrachtungen primär die als ‚Häufig-Umzieher' beziehungsweise ‚moderne Nomaden' bezeichnete Personengruppe von Interesse ist. Diese zeichnen sich durch ein episodisches Pendelverhalten mit Wohnsitzwechseln aus, welche die „übliche Häufigkeit residenzieller Mobilität"[91] deutlich überschreiten. Der Anlass der Bewegung ist bei Häufig-

---

87   Vgl. BENSON/O'REILLY (2009): 608–611; OLTMER (2012): 19–21; O'REILLY, Karen (2014): Was ist Lifestyle Migration. Bundeszentrale für politische Bildung.

88   Eine einheitliche Definition und Verwendung des Begriffes steht bisher aus. Je nach Autor wird Multilokalität als Phänomen, als Forschungsperspektive, als Forschungsprogramm oder als alles zusammen dargestellt. Bisherige Untersuchungen beschränken sich vorwiegend auf die Untersuchung einzelner multilokaler Lebensformen und nehmen selten verschiedene Ausprägungen gleichzeitig in den Blick. Erschwert wird eine Annäherung an das Thema durch zahlreiche, synonym verwendete Begriffe wie beispielsweise ‚Plurilokalität' oder ‚Translokalität'. (Vgl. PETZOLD, Knut (2013): Multilokalität als Handlungssituation. Lokale Identifikation, Kosmopolitismus und ortsbezogenes Handeln unter Mobilitätsbedingungen. Wiesbaden: Springer VS, 31–32 und 89.)

89   Vgl. ROLSHOVEN, Johanna (2006): Woanders daheim. Kulturwissenschaftliche Ansätze zur multilokalen Lebensweise in der Spätmoderne. In: Zeitschrift für Volkskunde 102, 181.

90   HESSE, Markus; SCHEINER, Joachim (2007): Räumliche Mobilität im Kontext des sozialen Wandels: eine Typologie multilokalen Wohnens. In: Geographische Zeitschrift 95 (3), 154.

91   Ebd.: 147.

Abb. 13: Weibliche Tuareg feiern die Geburt eines Kindes
Quelle: Brent Stirton

Umziehern vor allem beruflich bedingt, da diese von befristeter Tätigkeit zu befristeter Tätigkeit beziehungsweise von Projekt zu Projekt wandern[92].[93]

Unter traditionellem Nomadismus wird eine Lebensform verstanden, deren Basis des Lebensunterhaltes die Fernweidewirtschaft – auch als ‚Wanderviehwirtschaft‘ oder ‚mobiler Pastoralismus‘ bezeichnet – bildet. Hirten- beziehungsweise Pastoralnomaden wandern permanent oder zyklisch im geschlossenen Familienverband zusammen mit ihrem Vieh und leben in mobilen Behausungen. Ihr Wanderverhalten folgt genau festgelegten Wegen und Rhythmen. Sie leben weitgehend autark, tauschen sich aber mitunter mit ackerbautreibenden Gruppen oder urbanen Zentren aus. Ihre Sozialstruktur ist meist streng hierarchisch und patriarchalisch organisiert.

---

92 Ein solches Wohn- und Mobilitätsverhalten ist eng mit der Idee des sogenannten ‚Jobnomaden‘ verknüpft. Diese Personengruppe wechselt in relativ kurzen Abständen den Arbeitgeber, wobei sie sich zur Aufnahme des neuen Jobverhältnisses häufig über Staats- und kontinentale Grenzen hinweg bewegt. (Vgl. ENGLISCH, Gundula (2001): Jobnomaden. Wie wir arbeiten, leben und lieben werden. Frankfurt (Main): Campus-Verlag, 34–35.)

93 Vgl. HESSE/SCHEINER (2007): 144–147.

Heutzutage existieren nur noch sehr wenige Gruppen, welche diesem Begriffsverständnis nach als Nomaden bezeichnet werden können (vereinzelt trifft dies beispielsweise noch auf Beduinen oder Tuareg zu; siehe Abbildung 13). Die meisten Nomadenvölker haben ihre traditionelle Lebensweise jedoch mittlerweile aktualisiert oder zu Gunsten einer sesshaften Existenz aufgegeben. Modernisierte, subsistenz- und marktorientierte Formen extensiver, ganzjähriger Fernweidewirtschaft werden als ‚mobile Tierhaltung' beziehungsweise ‚mobile Weidewirtschaft' bezeichnet.[94]

2.3.2 Charakteristiken digitalnomadischer räumlicher Mobilität

Im Folgenden werden die zentralen Eigenschaften digitalnomadischer räumlicher Mobilität anhand einer Kurzanalyse des räumlichen Mobilitäts- und Residenzverhaltens der drei Influencer Conni BIESALSKI, Felicia HARGARTEN und Tim CHIMOY vorgestellt.

Conni BIESALSKI beschreibt ihre Entwicklung als ortsunabhängige, selbstbestimmt lebende Digitalarbeiterin als einen mehrstufigen Prozess, welcher anfangs vor allem durch den Wunsch getrieben war, „so viel wie möglich zu reisen ohne [sic!] dass das Geld ausgeht"[95]. Sie übernachtete vor allem in Hostels und wechselte häufig den Aufenthaltsort. Nach einer Weile (deren konkrete Dauer sie nicht angibt) entwickelte sich in ihr das Bedürfnis, länger an einem Ort – mehrere Wochen bis zu einem Monat – zu bleiben. Dieser Wunsch war sowohl privat wie auch beruflich bedingt. Zum einen wurde ihr reines Sightseeing immer unwichtiger; sie sehnte sich danach, Orte besser kennenzulernen. Zum anderen wollte sie mehr Zeit in ihre Tätigkeit als Freelancerin investieren. Sie entschied sich in diesem Rahmen

---

94   Vgl. BECK, Kurt (2002): Nomadismus. In: Endruweit, Günter; Trommsdorff, Gisela (Hg.): Wörterbuch der Soziologie. 2. Auflage. Stuttgart: Lucius & Lucius, 385–386; GERTEL, Jörg (2015): Nomaden – Aufbrüche und Umbrüche in Zeiten neoliberaler Globalisierung. Bundeszentrale für politische Bildung; OLTMER (2012): 26–29; SCHOLZ, Fred (1995): Nomadismus. Theorie und Wandel einer sozio-ökologischen Kulturweise. Stuttgart: Franz Steiner Verlag, 21–22.

95   Siehe hier und im Folgenden: BIESALSKI, Conni (2016): Von Reiseexzessen zur Homebase: Die Phasen des Digitalen Nomadenlebens.

dafür, vorwiegend in ruhigeren Unterkünften wie Hotels, Gasthäusern oder Airbnbs zu übernachten, und investierte in Coworking-Mitgliedschaften.

In der nächsten Phase ihrer Entwicklung widmete sich BIESALSKI primär der Schaffung passiver Einnahmequellen. Sie arbeitete „12 Stunden und mehr" am Tag. Über ihr Mobilitätsverhalten und ihre Wohnumstände zu dieser Zeit macht sie keine näheren Angaben.

Nach circa drei Jahren, so schreibt die deutsche Bloggerin, konnte sie durch die von ihr geschaffenen passiven Einnahmemöglichkeiten ihren Verdienst stabilisieren und sich nun den für sie wichtigen Dingen des Lebens widmen. So ging sie beispielsweise wochenlang auf Reisen oder besuchte Retreats, machte eine Yogalehrerausbildung und konzentrierte sich auf das „innere Wachstum [ihrer] Seele und [ihres] Herzens".

Seit einiger Zeit befindet sich die heute 33-jährige BIESALSKI in einer Phase der Beständigkeit. Sie schreibt im März 2016:

> *„Ich habe die letzten 10 von 14 Monaten seit Januar 2015 on/off in meiner Homebase Bali verbracht – dazwischen aber auch einige Zeit immer wieder auf Reisen. Meine Zeit hier geht langsam zu Ende und ich überlege derzeit, wo meine neue Homebase sein wird."*

Unter Homebase versteht BIESALSKI ein „kleines Mini-Zuhause irgendwo auf dieser Welt", in welcher sie nach Belieben für ein halbes, ganzes oder gar zwei Jahre bleibt. Auf Bali in Indonesien hat sie sich zu diesem Zweck ein möbliertes Haus gemietet. Trotzdem will sie weiterhin keine Verpflichtungen oder Verträge eingehen, sondern behält sich die Möglichkeit vor, jederzeit spontan den Aufenthaltsort zu wechseln. Zu ihren Lieblingsorten zählt BIESALSKI neben Bali auch Gili Trawangan in Indonesien, Chiang Mai in Thailand oder Mazunte, San Agustinillo, Zipolite und Laguna Bacalar in Mexiko. Ihre Unterkünfte bucht sie meist über die Onlineplattform Airbnb oder sie übernachtet in sogenannten ‚Serviced Apartments'. Ihre Reiseplanungen trifft sie meist spontan ein paar Wochen bis Tage vorher. Will sie länger an einem Ort bleiben, sucht sie Unterkünfte in „einschlägige[n] lokale[n] Facebook-Gruppen"[96]. Bezüglich der Visa-Bestimmungen hält BIESALSKI sich bedeckt, meint aber: „Visa sind jedenfalls das kleinste Problem"[97].[98]

BIESALSKI plant nach eigenen Aussagen nicht, jemals längerfristig in ihr Heimatland zurückzukehren. Dazu, so die Digitale Nomadin, erfüllt Deutschland ihre Erwartungen von „einem Conni-Seelen-Ort"[99] zu wenig. Sie hat ihren festen Wohnsitz in Deutschland abgemeldet (und keinen Wohnsitz in einem anderen Land der Erde angemeldet) und zahlt nach eigenen Aussagen keine Steuern.[100]

Auch Felicia HARGARTEN von Travelicia gibt Einblicke in ihre Entwicklung als Digitale Nomadin. Nach Beendigung ihrer Ausbildung zog es HARGARTEN zunächst im Rahmen eines Working-Holiday-Aufenthaltes nach Australien, von da aus reiste sie per Around-The-World-Ticket nach Thailand und Südamerika. Nach ihrer Weltreise, deren genaue Dauer sie nicht angibt, kehrte HARGARTEN zum Studium zurück nach Deutschland. In ihrer Studienzeit unternahm die heute 34-Jährige mehrwöchige Backpacking-Trips an verschiedene Orte dieser Erde, zum Beispiel nach China, Vietnam oder Südafrika. Nach Beendigung ihres Studiums zog es HARGARTEN erneut für einige Zeit nach Mittelamerika. Danach kehrte sie nach Deutschland zurück, um einen Job anzunehmen, welcher eine intensive Reisetätigkeit beinhaltete. Nach zwei Jahren wechselte sie diesen und beschloss, sich gemeinsam mit ihrem Freund Marcus MEURER mit einem Online-Unternehmen selbstständig zu machen.[101]

Mittlerweile leben und arbeiten HARGARTEN und MEURER an unterschiedlichen Orten auf dieser Welt. Während sie anfänglich nach eigenen Aussagen noch wie typische Backpacker reisten, haben sie sich mittlerweile

---

96   BIESALSKI, Conni (2015b): Reisen, Wohnen, Essen & Co: Wie ich mein Leben als Digitale Zen Nomadin organisiere.

97   Ebd.

98   Vgl. BIESALSKI, Conni (2015a): Für immer im Herzen: 11 Orte & Momente rund um die Welt, die ich nie vergessen werde…; BIESALSKI (2015b); BIESALSKI (2016).

99   BIESALSKI (2016).

100   Vgl. BIESALSKI (2015b); BIESALSKI, Conni (2015c): Wie ich als Digitale Nomadin samt Business in die Welt ausgewandert bin.

101   Siehe hier und im Folgenden: HARGARTEN (o. J.c).

verschiedene Homebases inklusive Wohnung mit eigener Küche, Internet, Freunden und Sportmöglichkeiten aufgebaut. Ihre Lieblingsorte sind Brasilien, Thailand oder Bali; im Sommer favorisieren sie Griechenland oder Portugal. Hin und wieder kehren sie nach Berlin zurück. Vereinzelt reisen die beiden Digitalen Nomaden an ihnen noch unbekannte Orte.

HARGARTEN und MEURER lieben das Meer und die ruhige Natur, für sie ist es wichtig, dass ihr Aufenthaltsort Wassersportmöglichkeiten, Zumba-, Yoga- und Meditationskurse sowie eine Auswahl an veganen Ernährungsmöglichkeiten bereithält. Als Digitalarbeiter benötigen sie daneben eine entsprechende Infrastruktur, also zumindest Internetzugang und Strom. Wenn sie nicht von ihrer Unterkunft aus arbeiten, nutzen HARGARTEN und MEURER die Möglichkeiten eines Coworking Space.

Tim CHIMOY von earthcity beziehungsweise Citizen Circle gibt auf seinem Blog keine Auskunft über seinen Werdegang als Digitaler Nomade, stellt aber sein jetziges Mobilitäts- und Residenzverhalten vor. So verbringt CHIMOY nach eigenen Angaben 90 Prozent seiner Zeit an zwei bis drei Orten weltweit, welche er als ‚Zuhauses‘ bezeichnet. Zu diesen zählt er beispielsweise Berlin, Bangkok und Saigon. Mit seinen Zuhauses, so der Online-Unternehmer, verbindet CHIMOY ein geborgenes Gefühl, da er an diesen über entsprechende Sprach- und Ortskenntnisse und einen etablierten Freundeskreis verfügt. Von diesen Örtlichkeiten aus unternimmt CHIMOY regelmäßig Reisen an ihm unbekannte Destinationen, wobei er in diesem Rahmen von ‚Urlaub‘ spricht und sich stets auf die Rückkehr ‚nach Hause‘ freut. Seine jeweilige Aufenthaltsdauer in einem seiner Zuhauses entscheidet CHIMOY spontan und angepasst an seine private oder berufliche Situation. Er schreibt:

> *„Einen Bratwurststand auf der neuen Flaniermeile von Ho-Chi-Minh-City eröffnen, wenn es sich aus irgendeinem Grund ergibt? Why not! Dann bleibe ich halt mal 1 Jahr. Oder 2. Oder 3.“*[102]

CHIMOY schließt es nicht prinzipiell aus, irgendwann sesshaft zu werden und für immer an einem Ort zu bleiben. Für den 32-jährigen Online-Unter-

---

102   CHIMOY (2015c).

nehmer geht es weniger um den Wunsch, in einer mehr oder weniger hohen Frequenz den Aufenthaltsort zu wechseln. Vielmehr möchte CHIMOY „dort sein [..], wo es für [ihn] zu einem bestimmten Zeitpunkt Sinn macht"[103]. Er grenzt sich in diesem Zusammenhang bewusst von ihm bekannten Digitalen Nomaden ab, für welche die ‚Dauerreise‘ das Lebenskonzept darstellt. Seine Arbeit verrichtet CHIMOY nach eigenen Angaben zu Hause oder in Coworking Spaces. In einem YouTube-Video auf seinem YouTube-Kanal erklärt CHIMOY, dass er in Deutschland nicht mehr als wohnhaft gemeldet ist.[104]

Beim Blick auf die präferierten Aufenthaltsorte der drei Blogger fällt auf, dass diese überwiegend in sogenannten Entwicklungs- und Schwellenländern liegen. Dies wird innerhalb der digitalnomadischen Szene unter dem Stichwort ‚Geo-Arbitrage‘ (deutsch soviel wie ‚Ausnutzung von Preisunterschieden‘) diskutiert. Grundlegend ist die Idee, weltweit unterschiedliche Lohnniveaus und Lebenshaltungskosten effizient auszunutzen. Das aus den Wirtschaftswissenschaften stammende Konzept wurde vor allem in Timothy FERRISS‘ ‚The 4-Hour Workweek‘ popularisiert. Gastautor A. J. JACOBS schreibt in diesem: „Fun things happen when you earn in dollars, live on pesos, and compensate in rupees."[105] Digitale Nomaden arbeiten demnach häufig bewusst in Ländern mit niedrigen Lebenshaltungskosten, verdienen aber gemäß dem Standard ihrer einkommensstarken Herkunftsländer.[106]

Es wird außerdem ersichtlich, dass Mobilität einerseits ein individuell erwünschtes Zentralelement des digitalnomadischen Lebensstils darstellt, andererseits aber gleichsam erwartet beziehungsweise vorausgesetzt wird. Um an digitalnomadischen Events teilzunehmen, deren Austragungsorte wie beispielsweise im Fall des DNX Festivals wechseln können, ist meist eine Reise erforderlich. Das Beispiel des in Kapitel 2.2 vorgestellten ‚Nomad Cruise‘ zeigt, dass digitalnomadische Events teilweise selbst eine Reise sind.

---

103   CHIMOY (2015c).
104   Vgl. ebd.; CHIMOY, Tim (2016): Wann macht eine Abmeldung aus Deutschland Sinn?
105   JACOBS, A. J. (2010): At a glance: Where you will be. In: Ferriss, Timothy: The 4-Hour Workweek. Escape 9-5, live anywhere, and join the New Rich. New York: Harmony Books, 127.
106   Vgl. FERRISS (2010): 121–149; KÜHN, Sebastian (2016): Was Geo-Arbitrage ist und wie du es für dich nutzen kannst.

2.3.3 Digitalnomadische Mobilität als besondere Form räumlicher Mobilität

Anhand der Beschreibung des territorialen Mobilitäts- und Residenzverhaltens der Digitalen Nomaden BIESALSKI, HARGARTEN und CHIMOY wird deutlich, dass dieses einige Überschneidungen mit den eingangs vorgestellten Mobilitätsmustern aufweist, sich jedoch nicht vollständig im Rahmen dieser Konzepte abbilden lässt.

Mit modernen Backpackern und Flashpackern haben BIESALSKI, HARGARTEN und CHIMOY vor allem die relative Spontanität der Reiseplanungen, den Wunsch nach Abenteuer, Authentizität und persönlicher Weiterentwicklung sowie eine minimalistische Ausstattung (Rucksack) gemeinsam. Der zentrale Unterschied Digitaler Nomaden zu modernen Backpackern und Flashpackern besteht jedoch darin, dass Digitale Nomaden scheinbar keine ‚Rückkehr' in ein ‚altes' Leben planen. Für sie ist der Aufenthalt keine qualifizierende Reise oder entspannende Auszeit, vielmehr wird Digitaler Nomadismus als (dauerhafte) individuelle und kollektive Lebensweise und Einstellung interpretiert, bei welcher Arbeiten und Reisen miteinander verbunden werden. So gesehen weisen Digitale Nomaden vor allem Überschneidungen mit den Backpackern der Hippiebewegung auf, da Digitaler Nomadismus als Form einer alternativen Lebensführung interpretiert werden kann.

Mit Blick auf die Tourismusdefinition der UNWTO ist zu klären, ob Digitaler Nomadismus als touristische Erscheinungsform verstanden werden kann. Da zum Beispiel BIESALSKI und CHIMOY keinen gewöhnlichen Melde- und Aufenthaltsort besitzen (beziehungsweise zu klären wäre, ob die ‚Homebases' und ‚Zuhauses' der beiden Blogger im Sinne einer ‚gewohnten Umgebung' verstanden werden können), bewegen sie sich auch nicht notwendigerweise (zyklisch) von einem ‚gewohnten' zu einem ‚fremden' Ort. Problematisch an einer Einordnung von Digitalem Nomadismus als Form des Tourismus ist zudem, dass die Aufenthaltsdauer Digitaler Nomaden im Zielgebiet signifikant länger als die von der UNWTO vorgeschlagene Maximalzeit von einem Jahr am Stück betragen kann.

Darüber hinaus kann Digitaler Nomadismus nicht eindeutig als Form der Migration eingeordnet werden. Mit Arbeitsmigranten haben Digitale Nomaden zwar grundsätzlich die Gemeinsamkeit, dass sie ihrer Arbeit überwiegend (aber nicht ausschließlich) in einem Land nachgehen, welches nicht ihr Geburtsland ist. Anders als diese arbeiten Digitale Nomaden jedoch selbstbestimmt und in Selbstständigkeit. Auch bleibt offen, inwiefern Digitale Nomaden primär zur Verbesserung der eigenen ökonomischen Situation wandern. Es ist wahrscheinlicher, dass sich Digitale Nomaden ähnlich wie lifestyle migrants freiwillig aus primär klimatischen, kulturellen oder gesundheitlichen Gründen bewegen. Dabei verfolgen sie wie lebensstilorientierte Migranten das Ziel, ihre Lebensqualität zu verbessern und sich selbst zu verwirklichen. Die Bewegung vollzieht sich meist aus Industrieländern in sogenannte Entwicklungs- und Schwellenländer. Anders als lifestyle migrants planen Digitale Nomaden jedoch keinen dauerhaften ‚Neuanfang‘ am Zielort. Vielmehr verweilen sie selbstbestimmt nur so lange im Destinationsraum, wie es für sie Sinn macht. Lifestyle migrants gehen darüber hinaus im Unterschied zu Digitalen Nomaden überwiegend ortsgebundenen Jobs am Migrationsort nach.

Interessant ist die Frage, inwiefern Digitaler Nomadismus als multilokale Lebensform angesehen werden kann. Die kurze Darstellung des Mobilitäts- und Residenzverhaltens von BIESALSKI, HARGARTEN und CHIMOY lässt die Schlussfolgerung zu, dass die individuelle Lebenspraxis im Rahmen digitalnomadischer Lebenskonzepte häufig auf verschiedene Orte verteilt wird. Problematisch ist jedoch, dass ein Verständnis multilokalen Lebens eng an den Kontext eines auf relative Langfristigkeit und Dauerhaftigkeit angelegten Haushaltes gebunden ist. Dem allgemeinen Begriffsverständnis von Multilokalität nach werden diese periodisch oder zyklisch in mehr oder minder regelmäßigen Abständen aufgesucht, bei Häufig-Umziehern findet ein episodischer Wohnsitzwechsel statt. Im Rahmen der Recherchen konnten leider keine näheren Informationen zu den spezifischen Qualitäten der Unterkünfte beziehungsweise dem genauen Residenzverhalten von BIESALSKI, HARGARTEN und CHIMOY gefunden werden. Für eine Einordnung oder Abgrenzung von Digitalem Nomadismus als multilokale Lebensform wäre unter anderem zu untersuchen, ob die drei Blogger ausschließlich in Hotels, Serviced Apartments, Miet- und Ferienhäusern, Airbnbs und ähnlichem übernachten oder auch über Immobilienbesitz verfügen und/oder traditionelle Mietverhältnisse eingegangen sind, ob und gegebenenfalls wie lange sie parallel mehrere Miet- und/oder Reservierungsverhältnisse aufrecht erhalten und inwiefern Hotel-, Ferienhaus-, Airbnb-Aufenthalte und Vergleichbares überhaupt im Sinne eines ‚Haushaltes' verstanden werden können. Zu ermitteln wäre auch, inwiefern Vorstellungen von Multilokalität eine Rückkehr in immer denselben Haushalt voraussetzen oder ob auch eine Rückkehr an denselben Ort, aber nicht in die identische Unterkunft als multilokale Lebensform gelten kann.

Eine pauschale Einordnung von Digitalem Nomadismus als Form von Multilokalität ist im Hinblick auf die unterschiedlichen Ausdrucksformen digitalnomadischer Existenzen nicht möglich. So reisten BIESALSKI und HARGARTEN beispielsweise anfänglich eher wie Backpacker oder Flashpacker (wenngleich ihr Mobilitäts- und Residenzverhalten dennoch die beschriebenen Unterschiede zu diesen aufwies), erst in jüngster Zeit haben sie sich verschiedene Homebases geschaffen. CHIMOY betont, dass viele der ihm bekannten Digitalen Nomaden auch nach Jahren der Ortsunabhängigkeit keine Homebase haben, womit die Etablierung von Homebases oder Zuhauses lediglich zur Option innerhalb einer komplexen digitalnomadischen Lebenswirklichkeit wird. Daneben ist festzustellen, dass Digitale Nomaden anders als multilokale Häufig-Umzieher nicht jobbedingt von Wohnort zu Wohnort ziehen, sondern gemäß dem digitalnomadischen Grundprinzip der Selbstbestimmung selbst entscheiden, an welchem Ort sie wann für wie lange arbeiten.

Es konnte aufgezeigt werden, dass Digitaler Nomadismus und anthropologisch geprägte Vorstellungen eines traditionellen (Hirten-)Nomadismus nur wenige Gemeinsamkeiten haben. So sichert onlinebasierte Arbeit und nicht Fernweidewirtschaft den Lebensunterhalt Digitaler Nomaden. Es handelt sich meist um Individualreisende oder Paare, nur in seltenen Fällen wird als Familie beziehungsweise im kompletten Familienverband gereist. Die Digitalen Nomaden BIESALSKI, HARGARTEN und CHIMOY nutzen keine mobilen Behausungen[107], sondern übernachten in Unterkünften

---

107   Es gibt jedoch selbst erklärte Digitale Nomaden, welche dies tun. Beispielsweise leben und reisen Stephanie und Olaf MITKOWSKY von www.keine-eile.de nach eigenen Aussagen seit zehn Jahren in einem ausgebauten LKW. (Vgl. KEINE EILE (o. J.): Über uns.)

vor Ort; ihr Mobilitätsverhalten folgt keinen streng festgelegten Wegen oder Rhythmen, sie leben nicht autark und sind nicht Teil einer hierarchischen Sozialstruktur. Gemeinsam ist Digitalen und klassischen Nomaden damit nur ihre Nicht-Sesshaftigkeit.

2.4 Zusammenfassung

Digitaler Nomadismus kann als neuartiges Arbeits- und Lebensmodell innerhalb einer durch globale Megatrends wie Digitalisierung, Globalisierung und Individualisierung geprägten Wirklichkeit verstanden werden. Digitale Nomaden sind Angehörige einer entsprechenden Szene, welche eigenen Motiven, Werten und Regeln folgt, und können als dauerreisende Arbeiter bezeichnet werden. Digitalnomadische Mobilität ist dabei als eine besondere, neuartige Form räumlicher Mobilität zu klassifizieren.

Digitale Nomaden hinterfragen traditionelle Lebens- und Arbeitskonzepte und suchen nach Alternativen, welche sie mit modernen, technologischen Mitteln umsetzen. Der Wunsch nach Veränderung beschränkt sich nicht nur auf die Arbeitswelt, sondern umfasst eine Vielzahl an Lebensbereichen. Für Digitale Nomaden haben Selbstbestimmung und Selbstverwirklichung oberste Priorität. Sie wollen selbst entscheiden, wann sie wo für wen wie lange und an welcher Thematik arbeiten. Viele von ihnen verstehen sich bewusst als Revolutionäre und Avantgarde eines progessiven Lebensstils, welchen sie auf Blogs, Podcasts, in Massenmedien oder im Zuge digitalnomadischer Events kommerzialisieren. Im Umfeld von Digitalem Nomadismus entwickeln sich neue Bedürfnisse sowie Angebotsformate. Aus dem Grundmotiv der Selbstbestimmung leitet sich die für Digitale Nomaden typische Ortsunabhängigkeit ab.

Auf Basis der Ausführungen zum Lebensmodell Digitaler Nomaden geht die vorliegende empirische Untersuchung mithilfe von qualitativen Experteninterviews der Frage nach, welche Chancen und Herausforderungen eine derartige hypermobile, digitale Realität für Individuen, Gesellschaften sowie Regierungs- und Regulierungssysteme birgt.

3 Empirische Untersuchung

3.1 Experteninterview

Das Experteninterview ist eine Methode qualitativer Sozialforschung[108]. Es gehört in einer Vielzahl wissenschaftlicher Disziplinen mittlerweile zum Kernbestandteil alltäglicher Forschungsarbeit. Experteninterviews definieren sich im Unterschied zu anderen Formen qualitativer Interviews wie beispielsweise dem problemzentrierten Interview oder dem narrativen Interview nicht über die methodische Vorgehensweise, sondern über den Gegenstand ihres Interesses: die Expertin bzw. den Experten.[109]

GLÄSER und LAUDEL definieren Experten ganz allgemein als Menschen, welche „über ein besonderes Wissen verfügen"[110]. BOGNER, LITTIG und MENZ betonen den auf dem Wissen von Experten beruhenden Aspekt der Macht[111]. Expertenwissen unterscheide sich von Laienwissen, da es im „besonderen Ausmaß praxiswirksam"[112] sei. So verstanden, ist der Experte für wissenschaftliche Untersuchungen vor allem aufgrund der Fähigkeit, ein konkretes Handlungsfeld sinnhaft, handlungsleitend und praxiswirksam für andere soziale Akteure zu strukturieren, interessant.[113]

---

108 BOGNER, LITTIG und MENZ betonen, dass in der wissenschaftlichen Methodenliteratur bisher kein Konsens darüber herrscht, ob es sich bei einem Experteninterview um ein genuin qualitatives Verfahren handelt. Zur Diskussion siehe BOGNER, Alexander; LITTIG, Beate; MENZ, Wolfgang (2014): Interviews mit Experten. Eine praxisorientierte Einführung. Wiesbaden: Springer VS, 2–3.

109 Vgl. ebd.: 1–4 und 9.

110 GLÄSER, Jochen; LAUDEL, Grit (2010): Experteninterviews und qualitative Inhaltsanalyse als Instrumente rekonstruierender Untersuchungen. 4. Auflage. Wiesbaden: VS Verlag, 1.

111 Die Macht eines Experten kann sich nach BOGNER, LITTIG und MENZ zusätzlich durch seine soziale Position als Angehöriger einer Funktionselite ergeben. Anders als beim Begriff der Elite, welcher sich primär über die soziale Position definiert, steht bei Experten jedoch der Aspekt des Wissens im Vordergrund. (Vgl. BOGNER/LITTIG/MENZ (2014): 12–13.)

112 Ebd.: 13, Hervorhebung im Original.

113 Vgl. ebd.: 12–15.

‚Der Experte' existiert nicht per se, vielmehr handelt es sich beim „Experte-Sein"[114] um eine auf gesellschaftlichen Konventionen beruhende Zuschreibung, auf welche der Forscher im Rahmen seines Forschungsinteresses rekurriert. Experten sind daher gleichzeitig Konstrukt des Forschers sowie der Gesellschaft.[115]

Da es sich bei Digitalem Nomadismus um ein bisher weitgehend unerforschtes Phänomen handelt, liegt dem Untersuchungsdesign ein explorativer Ansatz zugrunde. Explorative Forschung dient zur ersten Orientierung im Feld, sie hilft, das wissenschaftliche Problembewusstsein zu schärfen und Hypothesen zu bilden. Aus dieser Perspektive sind Experten vor allem Träger von Informationen, welche mittels Experteninterviews als Fakten-, Erfahrungs- oder Meinungswissen erschlossen werden.[116]

3.2 Expertensampling

In Anlehnung an BOGNER, LITTIG und MENZ werden Experten im Folgenden als Personen verstanden, welche auf Grundlage von Macht- und Wissensaspekten die allgemeine Perspektive auf sowie die öffentliche Diskussion zu einem bestimmten Thema maßgeblich beeinflussen und mitbestimmen. Übertragen auf die vorliegende Untersuchung wurden daher Personen ausgewählt, welche aufgrund ihres besonderen Wissens sowohl Einfluss innerhalb der digitalnomadischen Szene selbst als auch Einfluss auf die öffentliche Wahrnehmung Digitaler Nomaden haben. Konkret wurden befragt:

Bastian BARAMI

Bastian BARAMI betreibt seit Mai 2015 die Website www.officeflucht.de. Auf dieser veröffentlicht BARAMI Informationen rund um das Thema unkonventionelles und ortsunabhängiges Arbeiten. Der 32-Jährige gibt außerdem Interviews und Coachings zu verschiedenen Themen rund um digitales Unternehmertum und ortsunabhängiges Arbeiten. Er war bereits Gast auf der

---

114   BOGNER/LITTIG/MENZ (2014): 11.
115   Vgl. ebd.: 11–12.
116   Vgl. ebd.: 23–24.

DNX Berlin und ist regelmäßig Ansprechpartner für verschiedene mediale Berichterstattungen (zum Beispiel durch arte, SAT1, N24, Gründerszene und weitere).

Timo ECKHARDT

Timo ECKHARDT, 26 Jahre alt, ist zusammen mit Sascha BOAMPONG Host des ‚Digitalen Nomaden Podcast', welcher im iTunes Store bereits über eine Million Mal heruntergeladen wurde. Seit Launch des Podcasts im April 2016 haben ECKHARDT und BOAMPONG zusammen über 100 Interviews mit ortsunabhängig arbeitenden Menschen geführt. Daneben sprechen ECKHARDT und BOAMPONG in Gastbeiträgen auf anderen Podcasts regelmäßig selbst über ortsunabhängiges Arbeiten und Digitales Nomadentum.

Sebastian KÜHN

Sebastian KÜHN betreibt seit Anfang 2012 die Plattform www.wirelesslife.de. Auf dieser bietet der 34-Jährige Informationen und Angebote für Online-Unternehmer und Digitale Nomaden an. KÜHN ist Autor verschiedener Bücher zum Thema ortsunabhängiges Unternehmertum, arbeitet als Mentor und Businesscoach und organisiert regelmäßige Workations[117]. Er war Speaker auf der DNX Berlin und trat in Medien wie dem Hamburger Abendblatt, dem Handelsblatt oder dem Nomad Capitalist Blog in Erscheinung.

---

117 Der Neologismus ‚Workation' setzt sich aus den englischen Begriffen ‚Work' und ‚Vacation' zusammen. Gemeint ist ein organisiertes Zusammenkommen verschiedener Online-Unternehmer beziehungsweise Digitaler Nomaden an einem beliebigen Ort, bei dem zusammen gearbeitet sowie Urlaub gemacht wird. Das Konzept ist mit Coworking und Coliving Camps vergleichbar. (Vgl. WIRELESS LIFE (o. J.): Wireless Workations.)

3.3 Interviewleitfaden

Bei Experteninterviews handelt es sich überwiegend um teilstrukturierte Interviews zu deren Vorbereitung und Durchführung ein Leitfaden entwickelt wird. Dieser dient sowohl der inhaltlichen und methodischen Vorbereitung der Untersuchung als auch der Orientierung in der eigentlichen Erhebungssituation.[118]

Der für die Untersuchung erstellte Leitfaden wurde gemäß dem explorativen Untersuchungsdesign unter der Zielsetzung einer möglichst breiten und offenen Informationssammlung erstellt. Die in Kapitel 2.4 formulierte Frage: „Welche Chancen und Herausforderungen birgt eine derartige hypermobile, digitale Arbeits- und Lebensrealität wie die Digitaler Nomaden für Individuen, Gesellschaften sowie Regierungs- und Regulierungssysteme?" bildete den Ausgangspunkt der Fragebogenkonstruktion. Sie wurde in diesem Zusammenhang entsprechend operationalisiert. Es wurde außerdem auf eine thematisch logische Reihenfolge der Fragen geachtet. Der Fragekontexteffekt, also die Möglichkeit einer Antwortverzerrung aufgrund der Reihenfolge der gestellten Fragen, wurde bedacht.

Der Leitfaden (siehe Tabelle 1) wurde in vier thematische Oberblöcke unterteilt. Diese lauten: ‚Selbstdarstellung und Selbstverständnis', ‚Chancen und Herausforderungen von Digitalem Nomadismus', ‚Zukunftsfähigkeit und Massentauglichkeit von Digitalem Nomadismus' sowie ‚Offene Frage'. Den jeweiligen Themenblöcken wurden verschiedene Unterthemen zugeordnet. Daneben wurden Hinweise zur Gesprächseinleitung sowie zum Abschluss des Gesprächs vermerkt.

---

118   Vgl. BOGNER/LITTIG/MENZ (2014): 27–28.

Oberthemen	Unterthemen
Gesprächseinleitung	
	• Dank für die Gesprächsbereitschaft • Gespräch wird aufgezeichnet, Einverständnis erfragen • Vorstellung des Themas • Zeitlicher Rahmen: circa 20 bis 25 Minuten • Es geht um eigene Einschätzungen und Erfahrungen, kein richtig oder falsch, freies Erzählen
Selbstdarstellung und Selbstverständnis	
Kannst du mir bitte ein bisschen was über dich erzählen? Wer bist du und was machst du?	• Name, Alter, Werdegang, Funktion? • Seit wann ortsunabhängig? • Was ist deine Intention?
Chancen und Risiken von Digitalem Nomadismus	
Erklärst du mir bitte was Digitaler Nomadismus ist?	• Warum wollen Menschen Digitale Nomaden sein? • Haben Digitale Nomaden gemeinsame Ziele?
Wenn du deiner Fantasie freien Lauf lassen könntest: Wie sieht eine Welt aus, in der ausschließlich Digitale Nomaden leben?	• Welchen Impact haben Digitale Nomaden? • ‚Verändern' Digitale Nomaden ‚die Welt'? Wenn ja, wie? • Kann eine Gesellschaft voller Digitaler Nomaden funktionieren? Wenn ja, welche Veränderungen auf welchen Ebenen müssten stattfinden?
Du bist innerhalb der Digitalen-Nomaden-Szene recht bekannt und hältst regelmäßig Vorträge oder gibst Interviews. Hörst du auch kritische Stimmen zum Thema Digitaler Nomadismus? Wenn ja, was wird am häufigsten kritisiert und wie schätzt du diese Kritik ein?	• Ökologische Kritik: Digitaler Nomadismus ist schlecht für die Umwelt • Soziokulturelle Kritik: Digitaler Nomadismus zerstört lokale Gemeinschaften, Gentrifizierung, Neo-Kolonialismus • Ökonomische Kritik: Viele Digitale Nomaden verdienen leichtes Geld mit dem Klischee des Digitalen Nomaden

Zukunftsfähigkeit und Massentauglichkeit von Digitalem Nomadismus	
Denkst du, dass sich dieser Lebensstil dauerhaft und für eine breite Masse durchsetzen wird?	• Wie bewertest du die Zukunft von Digitalem Nomadismus? • E-Residency: Werden wir demnächst alle Digitalbürger in Digitalnationen sein? • Post-Nationalismus • Digitale-Nomaden-Steuer
Offene Frage	
Möchtest du sonst noch etwas sagen? Ist dir noch etwas wichtig?	
Gesprächsabschluss	
	• Dank und Verabschiedung

Tabelle 1: Interviewleitfaden
Quelle: Eigene Darstellung

3.4 Untersuchungsdurchführung

Insgesamt wurden drei Experteninterviews – ein Interview am 15. Juni 2017 und zwei Interviews am 21. Juni 2017 sowie ein Pretest mit Anna-Lena ECK-STEIN, einer virtuellen Assistentin und selbsterklärten Digitalen Nomadin, am 14. Juni 2017 – durchgeführt. Das Testinterview diente der Überprüfung des Leitfadens im Hinblick auf die Verständlichkeit und Reihenfolge der Fragen sowie die zeitliche Dimension, der Sicherstellung der technischen Realisierbarkeit des Gesprächs sowie der Überprüfung der Qualität der Aufnahme. Nach Durchführung des Pretests fanden keine nennenswerten Adaptionen des Leitfadens statt.

Die Interviews erfolgten per Skype und wurden mittels ‚MP3 Skype Recorder' aufgezeichnet. Um die Antworten möglichst spontan und unbeeinflusst zu erhalten, wurde der Interviewleitfaden den Teilnehmenden vorab nicht zugesendet. In der Erhebungssituation selbst wurde gemäß dem explorativen Untersuchungsansatz eine flexible und offene Gesprächsführung verfolgt. Die Leitfragen dienten der groben thematischen Strukturierung des Gesprächsverlaufs, die Unterthemen fungierten als Orientierung zur

Formulierung spontaner erzählungsgenerierender Fragen, Bewertungs-, Fakten- oder Sondierungsfragen. Es wurde kein Wert auf Vergleichbarkeit, Vollständigkeit oder Standardisierbarkeit der Daten gelegt.

Im Anschluss an die Interviews wurde das Gesagte gemäß den von Udo KUCKARTZ vorgeschlagenen Transkriptionsregeln transkribiert (siehe Transkriptionsregeln Anhang 1 und Transkriptionen Anhänge 2 bis 4). Die Regeln von KUCKARTZ sehen eine hinreichend detaillierte Niederschrift der jeweiligen Sprechanteile vor, verzichten aber auf für das Ziel der Informationsgewinnung unnötige Präzisierungen wie beispielsweise die Transkription der Dialektfärbung. Auf die von KUCKARTZ vorgeschlagene Anonymisierung der Interviews wurde mit Blick auf den besonderen Expertenstatus der Interviewpartner verzichtet.[119]

3.5 Qualitative Inhaltsanalyse

Für die Auswertung der Daten entschied sich die Autorin für eine qualitative Inhaltsanalyse. Es existieren grundsätzlich verschiedene Varianten derselben, wodurch eine einheitliche Definition und Festlegung der Merkmale des Verfahrens schwer ist. SCHREIER versteht die qualitative Inhaltsanalyse als „gleichermaßen systematisches und valides Verfahren mit dem Ziel einer zusammenfassenden Beschreibung des Materials"[120]. Sie unterscheidet für den deutschen Forschungskontext, basierend auf unterschiedlichen Vorgehensweisen, zwischen zwei Varianten: Der strukturierenden Inhaltsanalyse nach MAYRING mit diversen Unterformen und der qualitativen Inhaltsanalyse durch Extraktion nach GLÄSER und LAUDEL.[121]

Für die Auswertung des generierten Materials entschied sich die Autorin für ein Vorgehen in Anlehnung an Jochen GLÄSER und Grit LAUDEL. Anders als die in den 1980er-Jahren von Philipp MAYRING als Weiterentwicklung der quantitativen Inhaltsanalyse entwickelte qualitative Inhaltsanalyse,

---

119 Vgl. KUCKARTZ, Udo (2016): Qualitative Inhaltsanalyse. Methoden, Praxis, Computerunterstützung. 3. überarbeitete Auflage. Weinheim/Basel: Beltz Juventa, 166–167.

120 SCHREIER, Margrit (2014): Varianten qualitativer Inhaltsanalyse: Ein Wegweiser im Dickicht der Begrifflichkeiten. In: Forum Qualitative Sozialforschung / Forum: Qualitative Social Research 15 (1), Art. 18.

121 Vgl. ebd.

bei welcher vorab theoretisch entwickelte Kategorien eines geschlossenen Kategoriensystems auf eine bestimmte Textauswahl angewendet werden, erlaubt die vergleichsweise junge Vorgehensweise nach GLÄSER und LAUDEL basierend auf einem Satz theoriegeleitet entwickelter Kategorien im Verlauf der vollständigen Materialanalyse zusätzlich die sukzessive Bildung weiterer Kategorien am Material. Somit ist das Verfahren offen für das Entdecken von zuvor nicht bedachten Aspekten und Informationen. Ein solches Vorgehen ist dem hier vertretenen explorativen Forschungsansatz angemessen.[122]

3.5.1 Allgemeiner Ablauf der qualitativen Inhaltsanalyse nach GLÄSER und LAUDEL

Die qualitative Inhaltsanalyse nach GLÄSER und LAUDEL versteht auszuwertende Texte als Material, in welchem Daten enthalten sind. Diese Daten werden dem Text mittels qualitativer Inhaltsanalyse entnommen, was bedeutet, dass Rohdaten extrahiert, aufbereitet und ausgewertet werden. So entsteht eine von den Ursprungstexten verschiedene Informationsbasis, die nur noch jene Informationen enthält, welche für die Beantwortung der Forschungsfrage relevant sind. Diese Informationsbasis ist wiederum durch das Suchraster, welches für die Extraktion der Informationen aus dem Text genutzt wurde, strukturiert. Abbildung 14 veranschaulicht dieses Prinzip des Vorgehens.[123]

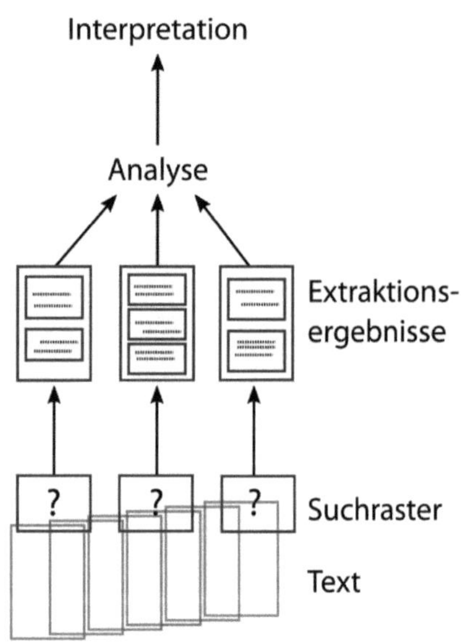

Abb. 14: Prinzip der qualitativen Inhaltsanalyse nach GLÄSER und LAUDEL
Quelle: GLÄSER/LAUDEL (2010): 200

---

122   Vgl. GLÄSER/LAUDEL (2010): 199–201; SCHREIER (2014).
123   Vgl. GLÄSER/LAUDEL (2010): 199–200.

GLÄSER und LAUDEL unterscheiden bei der qualitativen Inhaltsanalyse drei Hauptschritte bis zur Auswertung der Daten: ‚Vorbereitung der Extraktion‘, ‚Extraktion‘ und ‚Aufbereitung der Daten‘. Diesem Prozess wird in den nächsten drei Unterkapiteln gefolgt. In Kapitel 3.6 werden die Daten ausgewertet und die zentrale Forschungsfrage: „Welche Chancen und Herausforderungen birgt eine derartige hypermobile, digitale Arbeits- und Lebensrealitaet wie die Digitaler Nomaden für Individuen, Gesellschaften sowie Regierungs- und Regulierungssysteme?" beantwortet.

Vorbereitung der Extraktion

Die Vorbereitung der Extraktion erfolgte zunächst durch die Erstellung des analytischen Suchrasters. GLÄSER und LAUDEL betonen die theoretische Fundierung ihres Vorgehens, da die Entwicklung der Auswertungskategorien auf Basis von theoretischen Vorüberlegungen geschieht. Im Prozess der Extraktion werden – wenn nötig – weitere Auswertungskategorien ergänzt, zu keinem Zeitpunkt jedoch werden Kategorien verworfen. So sind theoretische Aspekte im gesamten Auswertungsprozess präsent.[124]

In den theoretischen Betrachtungen wurde deutlich, dass Chancen und Herausforderungen von digitalem Nomadismus primär auf zwei Ebenen diskutiert werden können: auf individueller Ebene, wenn Digitale Nomaden den gewählten Lebensstil beispielsweise als eine Art ‚Ausweg‘ aus einer subjektiv empfundenen Unzufriedenheit heraus beschreiben, sowie auf kollektiver Ebene, wenn Digitale Nomaden beispielsweise soziale und kulturelle Räume durch ihre westlichen Präferenzen gentrifizieren oder sich gesamtgesellschaftlichen Pflichten, wie zum Beispiel dem Zahlen von Steuern, entziehen. Basierend auf diesen Überlegungen wurden zwei Auswertungskategorien erstellt: ‚Individuelle Ebene‘ sowie ‚Kollektive Ebene‘.

Den beiden Auswertungskategorien wurde jeweils das Merkmal ‚Art‘ mit den nominal skalierten Ausprägungen ‚Chance‘ und ‚Herausforderung‘ zugewiesen. Als ‚Chance‘ wurden all jene Aspekte des Lebensstils definiert, welche auf der Ebene der jeweiligen Auswertungskategorie Möglichkeiten boten, bieten oder vermutlich bieten werden, etwas so zu verändern, dass damit subjektiv empfundene, tatsächliche oder zu erwartende Vorteile, Ge-

---

124   Vgl. GLÄSER/LAUDEL (2010): 204–205.

winne oder Verbesserungen verbunden sind. Analog zu diesem Begriffsverständnis wurden unter ‚Herausforderungen‘ all jene Aspekte des Lebensstils eingeordnet, welche auf der Ebene der jeweiligen Auswertungskategorie mit der Gefahr verknüpft waren, sind oder vermutlich sein werden, etwas so zu verändern, dass damit subjektiv empfundene, tatsächliche oder zu erwartende Nachteile, Verluste oder Schäden verbunden sind.

Daneben wurde das Merkmal ‚Thema‘ entwickelt. Diesem wurden entsprechend der jeweiligen Auswertungskategorie nominal skalierte Merkmalsausprägungen zugewiesen. Für die individuelle Ebene wurden unter ‚Thema‘ die Merkmalsausprägungen ‚Selbstbestimmung‘ und ‚Karriere‘ geschaffen. Die theoretischen Vorüberlegungen hatten gezeigt, dass diese beiden Aspekte digitalnomadische Realitäten signifikant beeinflussen. Auf kollektiver Ebene wurden unter ‚Thema‘ die Merkmalsausprägungen ‚Globale Gerechtigkeit‘ sowie ‚Innovationskraft‘ geschaffen. Die theoretischen Betrachtungen hatten gezeigt, dass das Phänomen Digitaler Nomadismus aufgrund der durch dieses initiierten Umstrukturierungen der kollektiven Lebens- und Arbeitswirklichkeiten vielfältige Möglichkeiten zur Innovation bestehender Strukturen enthält. Gleichzeitig mit den Verhaltensweisen Digitaler Nomaden werden Fragen nach globaler Gerechtigkeit und Verantwortung laut. Das Suchraster wurde zusätzlich um die Merkmale ‚Nummer‘, ‚Fundstelle‘, ‚Zitat‘ sowie ‚Hinweise‘ ergänzt.

Extraktion

In einem zweiten Schritt wurde das komplette Material mehrfach gelesen und gefundene Informationen zunächst einer der beiden Auswertungskategorien (individuelle oder kollektive Ebene) zugeordnet. Nachdem eine Kategorie definiert wurde, wurde der Information unter den Merkmalen ‚Art‘ und ‚Thema‘ jeweils eine Merkmalsausprägung zugewiesen. Unter ‚Zitat‘ wurde die Originaltextstelle im Wortlaut erfasst, bei ‚Fundstelle‘ wurde das Kürzel des Interviews, welchem die Information entnommen wurde, vermerkt.

Das Prinzip der Offenheit des Kategoriensystems wurde dadurch gewährleistet, dass dem Merkmal ‚Thema‘ im Prozess der Extraktion kontinuierlich neue Merkmalsausprägungen hinzugefügt wurden. Konkret wurde in der Auswertungskategorie ‚Individuelle Ebene' unter ‚Thema' die Merkmalsausprägung ‚Gefühlswelt' ergänzt. Auf Kollektivebene wurden die Themen ‚Kommerzialisierung', ‚Ökologische Nachhaltigkeit' und ‚Wissenstransfer' geschaffen. Weitere Merkmalsausprägungen unter ‚Art', neue Merkmale oder neue Auswertungskategorien entstanden im Laufe der Extraktion nicht.

GLÄSER und LAUDEL weisen darauf hin, dass die Zuweisung einer Information zu einer Kategorie beziehungsweise zu einer Ausprägung nicht immer eindeutig geschehen kann. Häufig entstehen Abgrenzungsschwierigkeiten.[125] Für diese Fälle wurde eine Extraktionsregel festgelegt, welche ein gleichbleibendes Vorgehen während des gesamten Extraktionsprozesses garantierte. Konkret wurde entschieden, dass Informationen im Zweifelsfall mehrfach in unterschiedliche Auswertungskategorien beziehungsweise mehrfach in eine Kategorie, jedoch mit je unterschiedlichen Merkmalsausprägungen aufzunehmen sind. Diese doppelte Informationsextraktion wurde unter ‚Hinweise' vermerkt.

An dieser Stelle sei auf ein bekanntes Problem innerhalb qualitativer Forschungsdesigns beziehungsweise im Rahmen qualitativer inhaltsanalytischer Verfahren verwiesen: Die Entscheidung der Zuweisung einer Informationen zu einer Auswertungskategorie beziehungsweise die Entscheidung für eine Merkmalsausprägung basiert zu großen Teilen auf der persönlichen Deutungskompetenz und Interpretation des Materials durch die Forscherin. Die Datenextraktion ist mit wichtigen und folgenreichen inhaltlichen Entscheidungen verbunden, welche den kompletten Auswertungsprozess und schlussendlich die Forschungsergebnisse beeinflussen.[126] Eine systematische, strukturierte, regelgeleitete sowie in allen Schritten nachvollziehbare Vorgehensweise sowie das Mitführen der Quellenangabe im gesamten Extraktions- und Auswertungsprozess macht die Ergebnisse jedoch intersubjektiv nachvollziehbar und diskutierbar. Die Ergebnisse der Extraktion befinden sich in Anhang 5.

---

125   Vgl. GLÄSER/LAUDEL (2010): 212–213.

126   Vgl. LAMNEK, Siegfried; KRELL, Claudia (2016): Qualitative Sozialforschung. 6. überarbeitete Auflage. Weinheim/Basel: Beltz Verlag, 383.

Aufbereitung der Daten

Die Aufbereitung der Extraktionsdaten diente vor allem zu deren Qualitätsverbesserung. Ziel dieses Analyseschrittes war es, verstreute Informationen zusammenzufassen und Redundanzen zu beseitigen. Die Übersichtlichkeit der Daten wurde durch die Aufbereitung erhöht und eine Strukturierung nach inhaltlichen Aspekten möglich.[127]

Zunächst wurden die Daten je Auswertungskategorie nach den Merkmalsausprägungen des Merkmales ,Thema' sortiert. Als nächstes wurden die gefundenen Informationen unter ,Zitat' erneut sorgfältig gelesen und differenzierte Unterthemen erarbeitet. Diese Unterthemen wurden in einer Extraspalte ,Unterthema' erfasst. Enthielt eine Information mehrere Unterthemen, wurde diese kopiert und so häufig wie nötig unter einem anderen Unterthema aufgenommen. Die Ergebnisse dieses Analyseschrittes befinden sich in Anhang 6. Die graue Färbung einzelner Zeilen signalisiert die Mehrfachinformationsaufnahme der Information in diesem Extraktionsschritt. Die Aufbereitung bildete die Grundlage für die anschließende Datenauswertung und -interpretation.

3.6 Untersuchungsergebnisse

3.6.1 Chancen und Herausforderungen auf individueller Ebene

Auf individueller Ebene wurden drei Themen identifiziert: ,Selbstbestimmung', ,Karriere' und ,Gefühlswelt'. Unter ,Selbstbestimmung' wurden die Unterthemen ,Auswegmöglichkeit', ,Selbstbemächtigung', ,Inhaltliche Selbstbestimmung', ,Örtliche Selbstbestimmung' sowie ,Zeitliche Selbstbestimmung' erarbeitet. Unter ,Karriere' wurden ,Finanzieller Erfolg', ,Misserfolg' und ,Ruhm', unter ,Gefühlswelt' die Unterthemen ,Einsamkeit', ,Gewissen', ,Lebensqualität', ,Sicherheit', ,Spaß' und ,Zugehörigkeit' geschaffen (siehe Tabelle 2).

---

127   Vgl. GLÄSER/LAUDEL (2010): 231.

Thema	Unterthema	
Selbstbestimmung	• Auswegmöglichkeit • Selbstbemächtigung • Inhaltliche Selbstbestimmung • Örtliche Selbstbestimmung • Zeitliche Selbstbestimmung	
Karriere	• Finanzieller Erfolg • Misserfolg • Ruhm	
Gefühlswelt	• Einsamkeit • Gewissen • Lebensqualität	• Sicherheit • Spaß • Zugehörigkeit

Tabelle 2: Themen und Unterthemen auf individueller Ebene
Quelle: Eigene Darstellung

Im Rahmen der ‚Selbstbestimmung' wurde das Unterthema ‚Auswegmöglichkeit' von allen Befragungspersonen übereinstimmend als Chance benannt. Die Interviewpartner beschrieben einheitlich, wie der Weg in die digitale Selbstständigkeit beziehungsweise den Digitalen Nomadismus für sie einen Ausweg aus einer subjektiv empfundenen, privaten sowie beruflichen Unzufriedenheit darstellte. Die Hinwendung zum digitalnomadischen Lebens- und Arbeitskonzept war für sie mit der Findung des eigenen Selbst verbunden. Barami, Eckhardt und Kühn nehmen sich dank der Option, ein digitalnomadisches Leben zu führen, nun als zufriedener wahr.

Auch das Unterthema ‚Selbstbemächtigung' stellt eine Chance des digitalnomadischen Lebens- und Arbeitsmodells dar. Die Befragungspersonen machten deutlich, wie die Möglichkeiten der Digitalisierung allgemein sowie das Kennenlernen von und Wissen um alternative (digitale) Lebens- und Arbeitsformen in einen proaktiven Prozess der eigenen Selbstbemächtigung mündete. Konkret begannen Barami, Eckhardt und Kühn, sich selbstständig spezifische Kompetenzen für den Weg in das digitale Nomadenleben anzueignen und ihre Leben entsprechend umzustrukturieren. Diese Selbstermächtigung wurde mehrheitlich als ein wichtiger Schritt aus der eigenen Unzufriedenheit heraus, hin zum Erfahren und Verwirklichen des eigenen Selbst beschrieben.

Ebenfalls als Chance wird die durch das digitalnomadische Lebensmodell ermöglichte ‚Inhaltliche Selbstbestimmung‘ genannt. In den Zitaten wird vor allem eine Wertschätzung der Interviewpartner dafür deutlich, sich interessenbasiert mit frei wählbaren Inhalten beschäftigen zu können. Den Teilnehmenden der Interviews sind vor allem die Freude an der Arbeit sowie die Authentizität und Nachhaltigkeit des eigenen Tuns wichtig.

Weiterhin wird die Möglichkeit der ‚Örtlichen Selbstbestimmung‘ übereinstimmend als Chance dargestellt. Wichtig ist den Interviewpartnern vor allem die Möglichkeit, jederzeit reisen beziehungsweise den eigenen Standort verändern zu können. Verbunden wird dies mit einem positiven Gefühl von Freiheit und Wohlbefinden. Die örtliche Selbstbestimmung ist dabei eng mit dem digitalnomadischen Grundmotiv der Selbstfindung und -erfüllung verbunden. So fühlen sich BARAMI und KÜHN an manchen Orten zufriedener, geborgener und mehr als ‚sie selbst‘ als an anderen. In diesem Zusammenhang sind auch finanzielle Aspekte relevant. Durch die Möglichkeiten von Geo-Arbitrage sind viele Digitale Nomaden in der Lage, den eigenen Lebensstandard signifikant zu steigern. Die Privilegien der eigenen Staatsbürgerschaft beziehungsweise allgemein der eigenen Herkunft werden von den Interviewten in vollem Bewusstsein genutzt.

Daneben ist auch die ‚Zeitliche Selbstbestimmung‘ eine Chance der digitalnomadischen Lebensweise. Dass die Befragungspersonen die zeitliche Taktung ihrer Arbeit selbst bestimmen können, empfinden sie als positiv. Durch die Schaffung passiver Einnahmequellen (beispielsweise mittels Amazon FBA[128] oder dem Verkauf digitaler Infoprodukte) konnten BARAMI, ECKHARDT und KÜHN zudem ihre zeitliche Autonomie steigern. Dies wird mehrheitlich mit einem positiven Gefühl der Freiheit und Ungebundenheit verbunden.

---

128 Sogenannte ‚passive income models‘ wie Amazon FBA, Dropshipping oder E-learning sind charakteristisch für die Lebensweise Digitaler Nomaden. Das Akronym ‚FBA‘ steht dabei für ‚Fulfillment by Amazon‘. Es handelt sich um ein Geschäftsmodell, bei welchem externe Händler ihre Produkte auf der Internetplattform Amazon anbieten. Dabei wird das komplette Handling der Ware (wie Verpackung, Lieferung, Kundenservice und Retourenabwicklung) von Amazon übernommen. (Vgl. BARAMI, Bastian (o. J.): Verkaufen auf Amazon Teil 1 – Ein paar Fakten.)

Im Hinblick auf das Thema ‚Karriere' werden ‚Finanzieller Erfolg' und ‚Ruhm' als individuelle Chancen des digitalnomadischen Lebensstils erkannt. Für die Befragungspersonen bedeutet der Weg in den Digitalen Nomadismus sowohl finanziellen Erfolg als auch gesteigerte Bekanntheit innerhalb und außerhalb der Szene. Das Unterthema ‚Misserfolg' wird als Risiko des Digitalen Nomadismus benannt. Hier wird vor allem die zu Kommerzialisierungszwecken stark idealisierte Darstellung von Digitalem Nomadismus genannt (siehe auch Thema ‚Kommerzialisierung' in Kapitel 3.6.2). Durch einige Mitglieder der Szene werde der Eindruck vermittelt, dass der Lebensstil einfach zu erreichen und für jeden erstrebenswert sowie erfüllend sei. Dadurch könne es zu beruflichen sowie privaten Misserfolgserfahrungen seitens an Digitalem Nomadismus interessierten Neulingen kommen.

In Bezug auf das Thema ‚Gefühlswelt' verbinden die Befragungspersonen Spaß sowie das Gefühl einer gesteigerten Lebensqualität mit der Art ihrer Lebensführung. Auch empfinden sie ein positives Gefühl der Zugehörigkeit zu einer Gruppe an Gleichgesinnten beziehungsweise zu einem größeren Ganzen, welches ihnen in traditionellen Kontexten oft fehlt. Jedoch sprachen BARAMI, ECKHARDT und KÜHN auch negative Aspekte des digitalnomadischen Lebensmodells an: So seien viele Digitale Nomaden häufig einsam, da sich der Lebensstil schlecht mit einer Partnerschaft oder dem Wunsch nach einer Familie verbinden lasse. Auch eine negativ konnotierte Wurzel- und Rastlosigkeit wird beschrieben. Zudem biete der Lebensstil wenig Sicherheit, was individuell problematisch sein könne. Auch das schlechte Gewissen wegen struktureller Ungleichheiten, eigener Privilegien und der negativen ökologischen Konsequenzen des eigenen Verhaltens sei nicht immer leicht.

3.6.2 Chancen und Herausforderungen auf kollektiver Ebene

Auf kollektiver Ebene wurden insgesamt fünf Themen erarbeitet: ‚Globale Gerechtigkeit', ‚Innovationskraft', ‚Kommerzialisierung', ‚Ökologische Nachhaltigkeit' sowie ‚Wissenstransfer'. Unter ‚Globale Gerechtigkeit' wurden die Unterthemen ‚Bewusstsein', ‚Outsourcing' und ‚Regulation' geschaffen. Unter ‚Innovationskraft' wurden die Unterthemen ‚Arbeitswelt',

‚Governance' und ‚Lebenswelt' identifiziert. Dem Thema ‚Kommerzialisierung' wurden die Unterthemen ‚Finanzielle Interessen' und ‚Vereinfachte Darstellung' zugewiesen. Unter dem Thema ‚Ökologische Nachhaltigkeit' wurden die Unterthemen ‚CO2-Emissionen', ‚Digitalisierung' und ‚Veganismus' identifiziert. Zum Thema ‚Wissenstransfer' wurden die Unterthemen ‚Cyberspace' und ‚Realität' erarbeitet (siehe Tabelle 3).

Thema	Unterthema
Globale Gerechtigkeit	• Bewusstsein • Outsourcing • Regulation
Innovationskraft	• Arbeitswelt • Governance • Lebenswelt
Kommerzialisierung	• Finanzielle Interessen • Vereinfachte Darstellung • Lebensqualität
Ökologische Nachhaltigkeit	• CO_2-Emissionen • Digitalisierung • Veganismus
Wissenstransfer	• Cyberspace • Realität

Tabelle 3: Themen und Unterthemen auf kollektiver Ebene
Quelle: Eigene Darstellung

Bei Betrachtung des Themas ‚Globale Gerechtigkeit' wird die Komplexität der mit Digitalem Nomadismus auf Kollektivebene verbundenen Chancen und Herausforderungen deutlich. Als Chance des Unterthemas ‚Bewusstsein' kann angesehen werden, dass die meisten Digitalen Nomaden gegenüber globalen Herausforderungen wie dem Klimawandel oder strukturellen Ungleichheiten sensibilisiert zu sein scheinen und beispielsweise durch eine vegane Ernährungsweise oder Freiwilligenarbeit versuchen, einen positiven gesellschaftlichen Beitrag zu leisten. Auffällig ist die dem Phänomen inhärente Doppelmoral. Einerseits haben Szenemitglieder den Wunsch, gesellschaftliche Zustände zum Positiven hin zu verändern, andererseits nutzen sie beispielsweise unfaire Arbeits- und Geschäftspraktiken, fliegen überdurchschnittlich viel oder prägen durch ihre westlichen Präferenzen und Anforderungen als Digitalarbeiter Destinationsräume in ungünstiger Art und Weise mit. Dem scheinbar bewussten Sein Digitaler Nomaden steht damit die Ignoranz gegenüber den Konsequenzen und der Inkonsistenz der eigenen Handlungen gegenüber. Schlussendlich werden die eigenen Interessen denen der gesamten Gesellschaft übergeordnet. Werden Maßnahmen wie Veganismus und Freiwilligenarbeit als Mittel der Selbsterfahrung und als Maßnahmen zur Auseinandersetzung mit dem eigenen Selbst interpretiert, muss ein entsprechendes Verhalten als Gipfel digitalnomadischer Egozentrik bewertet werden.

Problematisch ist mit Hinblick auf das Unterthema ‚Bewusstsein‘ ebenfalls, dass Digitale Nomaden das eigene Tun und dessen Auswirkungen auf Kollektivebene bisher nur mangelhaft reflektiert zu haben scheinen. Zwar deuteten die Befragungspersonen an, dass innerhalb der Szene vereinzelt auch kritische Aspekte des Lebensstils angesprochen werden; zum Teil nahmen die Interviewten auch selbst kritische Positionen ein. Dennoch wurde der Eindruck bestätigt, dass aus dieser Kritik heraus szeneintern (noch) keine Konsequenzen getroffen werden und bisher eine positive Selbstwahrnehmung überwiegt. Nennenswert sind an dieser Stelle vor allem die Einschätzungen von Sebastian KÜHN, der die Szene aktuell an einem Scheidepunkt verortet. So würden sich kritische, den Lebensstil hinterfragende Digitale Nomaden mehr und mehr von der Szene abwenden beziehungsweise innerhalb dieser auch kein entsprechendes Gehör (mehr) erhalten. Damit vergibt die Szene die Chance, sich von innen heraus nachhaltiger zu gestalten und zu reformieren[129].

---

129   Mittlerweile (Stand: März 2019) existieren einige Initiativen Digitaler Nomaden, welche das Ziel verfolgen, die Szene aktiv nachhaltiger zu gestalten. Dazu gehören beispielsweise die Projekte ‚Nomads Giving Back‘, welches lokale soziale Projekte unterstützt, oder ‚Social Impact Nomads‘, welches sozial nachhaltiges Coworking in Uganda anbietet und Sensibilisierungsarbeit für Themen wie Neo-Kolonialismus leistet. Auch das Projekt ‚Nomad Think Tank‘ der Autorin dieser Arbeit, welches mittels Forschung auf die sozialen, wirtschaftlichen und politischen Implikationen einer zunehmend digitalen und mobilen Arbeitswelt aufmerksam machen will, gehört dazu. (Vgl. AIROLDI, Stella (o. J.): Come Co-Working & Co-Living In Uganda!; KHOLOUSSY, Tarek (o. J.): Nomads Giving Back; SCHOLZ, Antonia (o. J.): The future is now!)

Das Unterthema ‚Outsourcing‘ beinhaltet ebenfalls vielfältige Chancen und Herausforderungen. Allgemein bezeichnet ‚Outsourcing‘ die Verlagerung unternehmerischer Funktionen an Dritte. Diese Verlagerung findet, meist aus Kostengründen, überwiegend von sogenannten Industrienationen in sogenannte Entwicklungsländer statt.[130] Im Fall von Digitalem Nomadismus kann der geographisch-räumliche Aspekt der Auslagerung obsolet werden. Die Autorin folgt hier einem Verständnis von Outsourcing, nach dem die Auslagerung der Arbeit von privilegierten an im Vergleich weniger privilegierte Individuen oder auch Kollektive stattfindet.

Digitale Nomaden lagern Arbeit entweder physisch (zum Beispiel im Rahmen der Produktion von Waren für Amazon-FBA-Geschäftsmodelle) oder digital (beispielsweise durch die Auslagerung von Tätigkeiten wie Grafikdesign oder Übersetzungen) aus. Als Gründe wurden von den Interviewpartnern vor allem Zeitgewinne und Kostenersparnisse genannt. Digitale Nomaden sind damit gleichzeitig als Arbeiter und Arbeitgeber Teil eines globalen (digitalen) Arbeitsmarktes. Die Chance von Digitalem Nomadismus liegt in der Möglichkeit, neue Verdienstmöglichkeiten zu schaffen. Neben dem Outsourcing für geschäftliche Belange werden unter dem Credo einer besseren Work-Life-Balance zunehmend auch private Belange (digital) ausgelagert.

Gleichzeitig ist mit dem digitalnomadischen Outsourcing das Risiko einer Verschärfung sogenannter ‚digital inequalities‘[131] verbunden. Mit Hinblick auf die Erkenntnisse von Mark GRAHAM und Team von der University of Oxford ist zu vermuten, dass die digitale Arbeitsauslagerung von Nord nach Süd und von Reich nach Arm vor dem Hintergrund des von Digitalen Nomaden angebrachten Arguments der Kostenersparnis entlang individueller und kollektiver Priviligierungsachsen verläuft[132]. Damit prägen

---

130   Vgl. PIEKENBROCK, Dirk; HASENBALG, Claudia (2014): Kompakt-Lexikon Wirtschaft. 5.400 Begriffe nachschlagen, verstehen, anwenden. Wiesbaden: Springer Gabler, 418–419.

131   PARK in Anlehnung an DIMAGGIO ET AL. (2004) folgend, bezieht sich der Begriff ‚digital inequalities‘ sowohl auf Ungleichheiten im Zugang zu IKT (zum Beispiel aufgrund verschiedener Sozialparameter wie Geschlecht, Einkommen oder Bildungsstand) sowie auf Ungleichheiten, die sich aus der Nutzung von IKT heraus ergeben. (Vgl. PARK, Sora (2017): Digital Capital. London: Palgrave Macmillan UK, 21.)

132   Mark GRAHAM und Kollegen vom Oxford Internet Institute beschäftigen sich unter anderem mit Strukturen digitaler Arbeitsmärkte. Sie haben beispielsweise den ‚On-

Digitale Nomaden globale Arbeitsmärkte und -bedingungen mit, was wiederum mit einer Stabilisierung oder gar Verstärkung digitaler und reeller Ungleichheiten verbunden ist. Folglich ist ein entsprechendes Handeln dem Selbstverständnis Digitaler Nomaden als verantwortungsvoll und nachhaltig lebende Individuen gegenläufig.

Unter dem Stichwort ‚Regulation‘ wurden Informationen gesammelt, welche nationale, internationale und supranationale Regierungs- und Regulierungsmechanismen thematisieren. Aufgrund mangelnder regulativer Maßnahmen birgt das digitalnomadische Arbeits- und Lebensmodell derzeit überwiegend Herausforderungen. Anhand der Aussagen der Interviewpartner ist beispielsweise zu vermuten, dass die unregulierte Praxis des Geo-Arbitrage zur Gentrifizierung von Destinationsräumen beiträgt, was mit negativen sozioökonomischen Konsequenzen für die Bevölkerung vor Ort verbunden sein kann. Geo-Arbitrage kann auch die Entstehung informeller Märkte begünstigen, wenn zum Beispiel Digitale Nomaden nach Unterkünften in Facebook-Gruppen suchen oder spezielle Wege finden, Visa-Bestimmungen zu umgehen.

Ein besonders großes Problem im Bereich ‚Regulation‘ ergibt sich mit Blick Steuern und Abgaben. Wie ausgeführt wurde, ist es innerhalb der Szene üblich, den eigenen Wohnsitz im Land der Herkunft abzumelden und parallel keinen neuen Wohnsitz in einem anderen Land der Erde anzumelden. Unternehmen sind oft in Ländern mit sehr geringen Steuersätzen registriert. Diese Praxis führt dazu, dass Digitale Nomaden keine oder kaum Abgaben leisten, womit sie sich gesamtgesellschaftlichen Pflichten förmlich entziehen. An dieser Stelle können jedoch auch Chancen entstehen. So hat Estland beispielsweise mit der sogenannten ‚E-Residency‘ ein System geschaffen, welches Digitalen Nomaden eine rein virtuelle Unternehmensgründung ermöglicht. Gründer müssen weder estnische Staatsbürger beziehungsweise EU-Bürger sein noch muss ein Wohnsitz in Estland angemeldet werden. Die Geschäftsanmeldung sowie das komplette Firmenmanagement

---

line Labour Index‘ entwickelt, welcher Angebot und Nachfrage von Onlinearbeit misst und entsprechende Nord-Süd-Strukturen aufdeckt. Mehr dazu siehe Oxford Internet Institute (o. J.): The Online Labour Index; Lehdonvirta, Vili (2017): Where are online workers located? The international division of digital gig work. Oxford Internet Institute.

geschehen ausschließlich digital, sind vergleichsweise günstig und in der Firma bleibende Gewinne sind steuerfrei.[133] Unternehmenssteuern in Höhe von 20 % werden nach Aussagen von Bastian BARAMI nur im Falle einer Gewinnentnahme fällig, wobei, wie BARAMI andeutet, verschiedene Optionen zur Steuerminimierung möglich seien. Estland positioniert sich mit der ‚E-Residency‘ damit nicht nur als europäisches und internationales Tech- beziehungsweise Fintech-Innovationshub, es nutzt neu entstehende Arbeits- und Lebensmodelle wie den Digitalen Nomadismus auch, um zusätzliche Staatseinnahmen zu generieren.

Neben der Entwicklung vergleichbarer Maßnahmen durch andere Länder kommt auch die Implementierung andersartiger politischer Maßnahmen wie beispielsweise eines ‚Digitale-Nomaden-Visums‘ infrage. Daneben könnten entsprechende ‚Digitale-Nomaden-Steuern‘ geschaffen werden. Denkbar wäre hier zum Beispiel eine von der Dauer des Aufenthalts im Destinationsraum abhängige Besteuerung auf nationalstaatlicher Ebene oder eine internationale Verwaltung und Verwendung entsprechender Einnahmen. Mit Blick auf das Thema ‚Regulation‘ zeigt sich in aller Deutlichkeit, dass es angesichts fortschreitender Globalisierung und Digitalisierung der Schaffung neuartiger, international verbindlicher Regularien bedarf, um die entsprechend entstehenden lebens- und arbeitsweltlichen Realitäten fair und nachhaltig zu managen.

Das Thema ‚Innovationskraft‘ beinhaltet ebenfalls Chancen und Herausforderungen. Allgemein sind technologische Innovationen und die Weiterentwicklung digitaler Technologien mit vielfältigen Umstrukturierungen der Arbeits- sowie Lebenswelt verbunden. In Bezug auf die Arbeitswelt liegen die Chancen von Digitalem Nomadismus vor allem darin, die Kreation neuartiger Businessmodelle und Angebotsformate und damit neuartige, innovative Karrierenarrative, -konzeptionen und -möglichkeiten zu befördern. Es kommt so zu einer Pluralisierung lebens- und arbeitsweltlicher Realitäten. Sebastian KÜHN bemerkt, dass dieser Aspekt auch individuell als negativ bewertet werden kann. So sehne sich nicht jeder Mensch nach einer Abkehr oder weiteren Ausdifferenzierung bestehender Lebens- und

---

133   REPUBLIC OF ESTONIA (2019): Become an e-resident.

Arbeitsmodelle. Einzelne könnten sich durch entsprechende Entwicklungen verunsichert fühlen.

Innovationspotenziale von Digitalem Nomadismus werden beim Unterthema ‚Governance‘ deutlich. Wie bereits beim Thema ‚Globale Gerechtigkeit‘ unter dem Stichwort ‚Regulation‘ ausgeführt, müssen Fragen der Nationalität, Bürgerschaft oder kulturellen Identität im Umfeld von Digitalem Nomadismus neu gedacht und konzipiert werden. Wo derzeit Herausforderungen vorherrschen, welche primär den Missbrauch oder die Umgehung aktueller Systeme betreffen, birgt Digitaler Nomadismus gleichzeitig Potenziale zur Aktualisierung und aktiven Veränderung bestehender politischer und regulativer Systeme und Maßnahmen. Damit verbunden ist für einzelne Länder die Chance zur Stärkung des eigenen Images und Standortes innerhalb der weltlichen Staatengemeinschaft.

Unter dem Thema ‚Kommerzialisierung‘ wurden sowohl ‚Finanzielle Interessen‘ wie auch ‚Vereinfachte Darstellung‘ als Herausforderungen identifiziert. Gemeint ist, dass eine idealisierte und pauschalisierende Darstellung von Digitalem Nomadismus als einfach zu erreichender, erstrebenswerter, rundum erfüllender Lebensstil zu Missverständnissen und Vorurteilen gegenüber Digitalen Nomaden und deren Arbeits- und Lebensmodell führen sowie privaten und beruflichen Misserfolg auf individueller Ebene, speziell für Neulinge, begünstigen kann. Problematisch ist hier vor allem, dass einige Mitglieder der Szene Digitaler Nomaden aufgrund von individuellen Kapitalinteressen bewusst kein Interesse an einer realitätsgetreuen Darstellung des Lebensstils haben.

Digitaler Nomadismus tangiert auch Fragen ökologischer Nachhaltigkeit. Wie beschrieben leben viele Digitale Nomaden vegan. Dies kann dazu beitragen, die Umwelt zu erhalten und zu schützen. Außerdem kann die minimalistische, digitalbasierte Arbeits- und Lebensweise Digitaler Nomaden einen Beitrag dazu leisten, Ressourcen zu schonen. Auch der Wegfall täglicher Arbeitswege kann sich positiv auf den eigenen CO_2-Fußabdruck auswirken. Negative Auswirkungen auf die Umwelt können sich vor allem aufgrund der hohen Reisefrequenz Digitaler Nomaden ergeben. Sebastian KÜHN spricht beispielsweise von drei bis vier Langstreckenflügen im Jahr.

Beim Thema ‚Wissenstransfer' lassen sich unterschiedliche, mit Digitalem Nomadismus verbundene Chancen identifizieren. Diese betreffen einerseits die Kreation, Distribution, individuelle Aneignung und kollektive Adaption von Wissen innerhalb des ‚Cyberspace', andererseits die aktive, personale Distribution von Informationen in der ‚Realität'.

Digitale Nomaden schaffen vor dem Hintergrund der zunehmenden Digitalisierung der Gesellschaft mit technologischen Mitteln neue Realitäten. Als Digitalinnovateure kreieren sie vielfältige Informationen, beispielsweise über digitale Businessmodelle oder alternative, digitale Arbeits- und Lebenskonzepte. Diese distribuieren sie im digitalen Raum, wo sie seitens anderer Internetnutzer aufgenommen und adaptiert werden können. Ein zyklisches Muster ist hier wahrscheinlich: Zu Beginn ihres digitalnomadischen Lebens eigneten sich BARAMI, ECKHARDT und KÜHN unterschiedliche Digitalinhalte selbstständig an und nutzten beziehungsweise gestalteten diese entsprechend ihren Zielsetzungen. Mittlerweile sind sie zu aktiven Kreateuren und Distributoren von Wissen um digitale Geschäftsmodelle beziehungsweise den digitalnomadischen Lebensstil allgemein geworden. Der Transfer beziehungsweise allgemein die Produktion von und Teilhabe an (neuartigem) Wissen hat im Cyberspace keine geographisch-räumliche Begrenzung. Wissen allgemein und Wissen über das digitalnomadische Lebensmodell im Speziellen sind unter Annahme einer entsprechenden Konnektivität theoretisch für alle Menschen dieser Erde zugänglich und kollektiv transformierbar. Abseits technischer und struktureller Restriktionen könnten Menschen weltweit zu mehr Selbstbestimmung, der Aufnahme digitaler Arbeit beziehungsweise der Implementierung einer digitalnomadischen Arbeits- und Lebensweise angeleitet werden.

Daneben leisten viele Digitale Nomaden aktiv einen personalen Beitrag zum Transfer von Wissen. BARAMI, ECKHARDT und KÜHN sprechen beispielsweise regelmäßig auf Konferenzen, geben Workshops oder sind Teil von Workations. Außerdem teilen sie ihr Wissen vor Ort auf ihren Reisen, indem sie unter anderem in Schulen über ihren Lebensstil berichten oder Computer-, Marketing- und Softwareunterricht geben. Die Chance der von Digitalen Nomaden gelebten Selbstbestimmung und Ortsunabhängigkeit besteht so gesehen vor allem darin, (Fakten-)Wissen aus dem eigenen Kontext in andere Kontexte zu tragen beziehungsweise Gelerntes aus diesen Kontexten wiederum in den eigenen Kontext zu transferieren. Interessant ist in diesem Zusammenhang der Beitrag von Erin Bestrom, welche im sogenannten ‚nomadic thought' – eine durch Reisen und interkulturellen Austausch erworbene Denkweise – einen „critical component of international dialogue and conflict resolution"[134], welcher „a core component of international education programs"[135] sein sollte, erkennt.[136]

3.6.3 Zusammenfassung, Kritik und Ausblick

Das digitalnomadische Arbeits- und Lebensmodell ist mit vielfältigen Chancen und Herausforderungen für Individuen, Gesellschaften sowie Regierungs- und Regulierungssysteme verbunden. Auf individueller Ebene überwiegen die mit Digitalem Nomadismus verbundenen subjektiv empfundenen, tatsächlichen oder zu erwartenden Vorteile, Gewinne oder Verbesserungen. Mit Ausnahme der Unterthemen ‚Misserfolg', ‚Einsamkeit', ‚Gewissen' und ‚Sicherheit' werden alle weiteren identifizierten Aspekte von Digitalem Nomadismus durch die Befragungspersonen einheitlich als individuelle Chancen wahrgenommen.

Auf Kollektivebene zeigt sich ein differenzierteres Bild. Einzelne Unterthemen können sowohl Chancen als auch Herausforderungen beinhalten. Deutlich wird dies zum Beispiel im Hinblick auf die Themen ‚Globale Gerechtigkeit' oder ‚Innovationskraft'.

An dieser Stelle muss kritisch angemerkt werden, dass die zu Analysezwecken vorgenommene Einteilung in individuelle Ebene und kollektive Ebene zwangsläufig künstlich ist und sich diverse Überschneidungspunkte ergeben. So sind die identifizierten Chancen und Herausforderungen auf Kollektivebene Konsequenzen individueller Verhaltensweisen und Einstellungen, wobei entsprechende kollektive Dynamiken wiederum den Einzelnen beeinflussen.

---

134 Bestrom, Erin (2009): Moving Beyond Borders: The Creation of Nomadic Space Through Travel. In: intersections online 10 (1), 199.

135 Ebd.

136 Vgl. ebd.: 199 und 207.

Des Weiteren soll darauf hingewiesen werden, dass auf Basis der vorliegenden theoretischen Einordung des untersuchten Themas und mithilfe der geführten Experteninterviews wissenschaftliche Erkenntnisse gewonnen wurden, welche jedoch keinesfalls als abschließend oder vollständig angesehen werden können. Vielmehr liefern sie erste, vorläufige Anhalts- und Ausgangspunkte für weiterführende Forschungen und Diskussionen zum Thema seitens verschiedener Akteure.

In Bezug auf die empirische Untersuchung selbst ist die Zusammenstellung der Experten zu kritisieren. Eine weibliche Perspektive auf die mit Digitalem Nomadismus verbundenen Chancen und Herausforderungen fehlt völlig. Auch handelt es sich bei den Interviewpartnern ausschließlich um (einflussreiche) Angehörige der digitalnomadischen Szene. Wünschenswert wäre die zusätzliche Einholung externer Sichtweisen gewesen, was sich jedoch aufgrund verschiedener Zugangsschwierigkeiten (keine Beantwortung entsprechender Anfragen) nicht realisieren ließ. Aufgrund der Neuartigkeit des Phänomens und der sich daraus ergebenden, aktuell noch mangelhaften Forschungslage konnten darüber hinaus keine externen Experten zum Thema Digitaler Nomadismus identifiziert werden. Ein Mehrwert der Einholung einer Einschätzungen von Experten verwandter Themenfelder ist zu vermuten.

Das in den Interviews gewonnene Datenmaterial wurde zugunsten einer maximalen Wissensgenerierung nur qualitativ ausgewertet. Ein mit quantitativen Verfahren kombiniertes Vorgehen hätte eventuell wichtige Aspekte wie beispielsweise die Alters- und Nationalitätenstruktur oder Reisemuster und -präferenzen Digitaler Nomaden aufdecken können. Entsprechende Ergebnisse könnten nicht nur die Aussagekraft der hier vorgenommenen Analysen stärken beziehungsweise entsprechende Mängel und Divergenzen derselben sichtbar machen, sie sind auch für ein tieferes Verständnis des Phänomens essenziell. Aus Gründen des vorgegebenen zeitlichen und inhaltlichen Umfangs der vorliegenden Arbeit konnte dies jedoch nicht realisiert werden. Die Autorin rät in diesem Zusammenhang dringend dazu, die Entwicklungen des Themas zu beobachten und quantitativ (sowie auch vertiefendere qualitativ) orientierte Erhebungen im Rahmen weiterführender Beschäftigungen mit Digitalem Nomadismus durchzuführen.

4 Schlussbemerkung

Das Phänomen Digitaler Nomadismus ist ein relevantes und reelles Szenario innerhalb der Debatte zur Zukunft der Arbeit. In einer hoch individualisierten und globalisierten Welt schaffen Digitale Nomaden mit den Möglichkeiten der Digitalisierung neue Realitäten. Dies ist mit signifikanten individuellen, gesellschaftlichen und politischen Chancen und Herausforderungen verbunden.

Aus Perspektive der Wissenschaft ist eine weitere Beschäftigung mit dem Phänomen dabei unerlässlich. Entsprechende Erkenntnisse können als Diskussionsbasis für verschiedene private und öffentliche Akteure dienen und erlauben eine frühzeitige Reaktion und Lenkung entsprechender arbeits- und lebensweltlicher Veränderungen.

Keinesfalls sollte das Phänomen Digitaler Nomadismus dabei bagatellisiert werden. Zwar scheint es sich bisher um ein gesellschaftliches Randphänomen zu handeln (es fehlen konkrete Statistiken), und Visionen einer vollständig digitalnomadisch lebenden Gesellschaft sind kritisch zu hinterfragen, dennoch gewinnt das Phänomen zunehmend an Aufmerksamkeit. Derzeitig als Digitale Nomaden lebende Individuen sollten daher als – wenn auch vielleicht extreme – Variante einer neuen Art von Arbeitern ernst genommen werden. Ein tieferes Verständnis digitalnomadischer Kultur und Verhaltensweisen erlaubt daher einen Einblick in eine mögliche Lebens- und Arbeitswelt von Morgen.

Nachtrag vom Juli 2019: Die Autorin hat mittlerweile eine Beratungsagentur zu den Themen Neue Arbeit und Digitaler Nomadismus gegründet. Als unabhängige Denkfabrik untersucht ‚Nomad Think Tank‘ die sozialen, wirtschaftlichen und politischen Implikationen einer zunehmend digitalen und mobilen Arbeitswelt. Neben ihrer Forschungsarbeit spricht die Autorin regelmäßig auf Veranstaltungen und Konferenzen. Mehr dazu finden Sie unter www.nomadthinktank.com.

Abbildungs- und Tabellenverzeichnis

Abbildungen

Tabellen

Quellenverzeichnis

AERONAUTICAL TECHNOLOGY DIRECTORATE (JAXA) (2016): Hypersonic passenger aircraft technology. Online verfügbar unter http://www.aero.jaxa.jp/eng/research/frontier/hst/, zuletzt geprüft am 17.06.2017.

AIROLDI, Stella (o. J.): Come Co-Working & Co-Living In Uganda! Online verfügbar unter https://www.socialnomads.org/, zuletzt geprüft am 18.03.2019.

ALTRINGER, Beth (2015): Globetrotting Digital Nomads: The Future Of Work Or Too Good To Be True? Forbes.com. Online verfügbar unter https://www.forbes.com/sites/forbesleadershipforum/2015/12/22/globetrotting-digital-nomads-the-future-of-work-or-too-good-to-be-true/#58d798be7594, zuletzt geprüft am 24.12.2017.

ARTE CREATIVE (2014): Digitale Nomaden. Online verfügbar unter http://creative.arte.tv/de/folge/digitale-nomaden, zuletzt geprüft am 24.03.2017.

ATTALI, Jacques (2008): Die Welt von morgen. Eine kleine Geschichte der Zukunft. Berlin: Parthas Verlag.

BARAMI, Bastian (o. J.): Verkaufen auf Amazon Teil 1 – Ein paar Fakten. Online verfügbar unter http://officeflucht.de/geld-verdienen-auf-amazon-teil-1/, zuletzt geprüft am 24.06.2017.

BAUMAN, Zygmunt (1997): Flaneure, Spieler und Touristen. Essays zu postmodernen Lebensformen. Hamburg: Hamburger Edition.

BECK, Kurt (2002): Nomadismus. In: Endruweit, Günter; Trommsdorff, Gisela (Hg.): Wörterbuch der Soziologie. 2. Auflage. Stuttgart: Lucius & Lucius, 385–386.

BENSON, Michaela; O'REILLY, Karen (2009): Migration and the search for a better way of life: a critical exploration of lifestyle migration. In: Sociological Review 57 (4), 608–625.

BERLEIN, Sebastian (2017): Zwischen Sinnkrise und Aufbruch: Eine Kritik und Momentaufnahme zur digitalen Nomadenszene. Online verfügbar unter https://wirelesslife.de/aufbruch/, zuletzt geprüft am 20.05.2017.

BESTROM, Erin (2009): Moving Beyond Borders: The Creation of Nomadic Space Through Travel. In: intersections online 10 (1), 199–217. Online verfügbar unter https://depts.washington.edu/chid/intersections_Winter_2009/Erin_Bestrom_Moving_Beyond_Borders.pdf, zuletzt geprüft am 08.01.2018.

BIESALKSI, Conni (o. J.a): Home Planetbackpack. Online verfügbar unter https://www.planetbackpack.de/, zuletzt geprüft am 02.04.2017.

BIESALKSI, Conni (o. J.b): Presse & Vorträge. Online verfügbar unter https://www.planetbackpack.de/presse-vortraege/, zuletzt geprüft am 02.04.2017.

BIESALKSI, Conni (o. J.c): Über mich. Online verfügbar unter https://www.planetbackpack.de/uber-mich/, zuletzt geprüft am 02.04.2017.

BIESALKSI, Conni (2016): Von Reiseexzessen zur Homebase: Die Phasen des Digitalen Nomadenlebens. Online verfügbar unter https://www.planetbackpack.de/phasen/, zuletzt geprüft am 21.05.2017.

BIESALKSI, Conni (2015a): Für immer im Herzen: 11 Orte & Momente rund um die Welt, die ich nie vergessen werde… Online verfügbar unter https://www.planetbackpack.de/herzensorte/, zuletzt geprüft am 27.05.2017.

BIESALKSI, Conni (2015b): Reisen, Wohnen, Essen & Co: Wie ich mein Leben als Digitale Zen Nomadin organisiere. Online verfügbar unter https://www.planetbackpack.de/organisation/, zuletzt geprüft am 30.05.2017.

BIESALKSI, Conni (2015c): Wie ich als Digitale Nomadin samt Business in die Welt ausgewandert bin. Online verfügbar unter https://www.planetbackpack.de/auswandern-digitale-nomaden/, zuletzt geprüft am 03.06.2017.

BOGNER, Alexander; LITTIG, Beate; MENZ, Wolfgang (2014): Interviews mit Experten. Eine praxisorientierte Einführung. Wiesbaden: Springer VS.

BOOMERS, Sabine (2004): Reisen als Lebensform. Isabelle Eberhardt, Reinhold Messner und Bruce Chatwin. Frankfurt (Main): Campus-Verlag.

BUFFER (2019): State of Remote Work 2019. Online verfügbar unter https://buffer.com/state-of-remote-work-2019, zuletzt geprüft am 18.03.2019.

BUNDESMINISTERIUM FÜR ARBEIT UND SOZIALES (BMAS) (2016): Forschungsbericht 465. Solo-Selbstständige in Deutschland – Strukturen und Erwerbsverläufe. Berlin.

BUNDESMINISTERIUM FÜR FAMILIE, SENIOREN, FRAUEN UND JUGEND (BMFSFJ) (2016): Digitalisierung – Chancen und Herausforderungen für die partnerschaftliche Vereinbarkeit von Familie und Beruf. Expertise der Roland Berger GmbH im Rahmen des Unternehmensprogramms Erfolgsfaktor Familie. Berlin.

Bureau of Labor Statistics, U.S. Department of Labor, The Economics Daily (2016): 24 percent of employed people did some or all of their work at home in 2015. Online verfügbar unter https://www.bls.gov/opub/ted/2016/24-percent-of-employed-people-did-some-or-all-of-their-work-at-home-in-2015.htm, zuletzt geprüft am 08.06.2017.

Burns, Stephanie (2013): 7 Reasons To Join A Mastermind Group. Forbes.com. Online verfügbar unter https://www.forbes.com/sites/chicceo/2013/10/21/7-reasons-to-join-a-mastermind-group/#75b52d575deb, zuletzt geprüft am 04.04.2017.

Chimoy, Tim (2016): Wann macht eine Abmeldung aus Deutschland Sinn? Online verfügbar unter https://www.youtube.com/watch?v=3PhDsbZAi5c, zuletzt geprüft am 24.12.2017.

Chimoy, Tim (2015a): I Love Mondays 020: Marcus Meurer über Life Hackz und effizientes Arbeiten. Online verfügbar unter http://www.earthcity.de/i-love-mondays-020-marcus-meurer-ueber-effizientes-arbeiten-digitale-nomaden/, zuletzt geprüft am 04.04.2017.

Chimoy, Tim (2015b): Minimalismus: Einfachheit ist nicht einfach. Online verfügbar unter http://www.earthcity.de/minimalismus-einfachheit/, zuletzt geprüft am 04.04.2017.

Chimoy, Tim (2015c): Multilokal: Digitale Nomaden werden erwachsen. Online verfügbar unter http://www.earthcity.de/digitale-nomaden-multilokal/, zuletzt geprüft am 04.04.2017.

Chimoy, Tim (2013): „Das Leben ist schließlich zum Leben da und nicht zum Arbeiten" – Interview mit Conni. Online verfügbar unter http://www.earthcity.de/nomaden-interview-mit-conni/, zuletzt geprüft am 04.04.2017.

Citizen Circle (o. J.a): Citizen Circle Blog. Online verfügbar unter https://www.citizencircle.de/blog/, zuletzt geprüft am 19.06.2017.

Citizen Circle (o. J.b): Citizen Circle Konferenz 2017. Online verfügbar unter https://www.citizencircle.de/cc-tallinn2017/, zuletzt geprüft am 20.06.2017.

Citizen Circle (o. J.c): Lebe nach deinen eigenen Regeln und arbeite ortsunabhängig. Online verfügbar unter https://www.citizencircle.de/, zuletzt geprüft am 12.07.2017.

D'Andrea, Anthony (2006): Neo-Nomadism: A Theory of Post-Identitarian Mobility in the Global Age. In: Mobilities 1 (1), 95–119.

De Lange, Michiel (2009): "digital nomadism": a critique. Dissertation draft. Online verfügbar unter http://www.bijt.org/wordpress/wp-content/uploads/2009/12/090916_chapter4_section3-nomadism.pdf, zuletzt geprüft am 22.03.2017.

Deleuze, Gilles; Guattari, Félix (2005): Tausend Plateaus. Kapitalismus und Schizophrenie. 6. Auflage. Berlin: Merve-Verlag.

Diesundancefamily (o. J.): Über uns. Online verfügbar unter http://www.diesundancefamily.com/uber-uns, zuletzt geprüft am 02.04.2017.

Digitale Nomaden Konferenz DNX (o. J.a): About us. Online verfügbar unter http://www.dnx-berlin.de/#nav-about, zuletzt geprüft am 16.03.2017.

Digitale Nomaden Konferenz DNX (o. J.b): Main Event & Workshops. Online verfügbar unter http://www.dnx-berlin.de/#nav-speakers, zuletzt geprüft am 02.04.2017.

Digitale Nomaden Konferenz DNX (o. J.c): Tickets. Online verfügbar unter http://www.dnx-berlin.de/#nav-pricing, zuletzt geprüft am 02.04.2017.

DNX Camps (o. J.): Why should I join DNX CAMPS? Online verfügbar unter http://www.dnxcamp.com/why-join/, zuletzt geprüft am 02.04.2017.

Du Gay, Paul; Hall, Stuart; Janes, Linda; Mackay, Hugh; Negus, Keith (1997): Doing cultural studies. The story of the Sony Walkman. London: SAGE, in Zusammenarbeit mit The Open University.

Earthcity (o. J.): WE LOVE MONDAYS. Der Podcast. Online verfügbar unter http://www.earthcity.de/wlm/, zuletzt geprüft am 04.04.2017.

Edelman Intelligence im Auftrag von Upwork und Freelancers Union (2016): Freelancing in America: 2016. Online verfügbar unter https://www.slideshare.net/upwork/freelancing-in-america-2016/1, zuletzt geprüft am 07.06.2017.

Englisch, Gundula (2001): Jobnomaden. Wie wir arbeiten, leben und lieben werden. Frankfurt (Main): Campus-Verlag.

Ferriss, Timothy (2010): The 4-Hour Workweek. Escape 9-5, live anywhere, and join the New Rich. New York: Harmony Books.

FILALI-FISCHER, Anissa (2014): Le nomadisme digital: nouveau mode de vie 2.0. Huffington Post Frankreich. Online verfügbar unter http://www.huffingtonpost.fr/anissa-filalifischer/nomadisme-digital-mode-de-vie_b_6119868.html, zuletzt geprüft am 05.04.2017.

FREYER, Walter (2006): Tourismus. Einführung in die Fremdenverkehrsökonomie. 8. Auflage. München: Oldenbourg.

GERTEL, Jörg (2015): Nomaden – Aufbrüche und Umbrüche in Zeiten neoliberaler Globalisierung. Bundeszentrale für politische Bildung. Online verfügbar unter http://www.bpb.de/apuz/208249/nomaden-aufbrueche-und-umbrueche-in-zeiten-neoliberaler-globalisierung?p=all, zuletzt geprüft am 21.05.2017.

GLÄSER, Jochen; LAUDEL, Grit (2010): Experteninterviews und qualitative Inhaltsanalyse als Instrumente rekonstruierender Untersuchungen. 4. Auflage. Wiesbaden: VS Verlag.

HAN, Petrus (2000): Soziologie der Migration. Stuttgart: Lucius & Lucius.

HARGARTEN, Felicia (o. J.a): Neu hier? Online verfügbar unter https://www.travelicia.de/neu-hier/, zuletzt geprüft am 02.04.2017.

HARGARTEN, Felicia (o. J.b): PR & Media. Online verfügbar unter https://www.travelicia.de/presse-tv/, zuletzt geprüft am 02.04.2017.

HARGARTEN, Felicia (o. J.c): Über mich. Online verfügbar unter https://www.travelicia.de/ueber-mich/, zuletzt geprüft am 02.04.2017.

HARGARTEN, Felicia (2016): Reisen und Gutes tun: 6 Reisende zeigen wie es geht! Online verfügbar unter https://www.travelicia.de/reisen-und-gutes-tun/, zuletzt geprüft am 04.04.2017.

HERBSTREUTH, Peter (2011): Nomadologie. In: Nippa, Annegret (Hg.): Kleines ABC des Nomadismus. Hamburg: Museum für Völkerkunde, 142–143.

HESSE, Markus; SCHEINER, Joachim (2007): Räumliche Mobilität im Kontext des sozialen Wandels: eine Typologie multilokalen Wohnens. In: Geographische Zeitschrift 95 (3), 138–154.

HILL, Napoleon (1937): Think and Grow Rich. Auckland: The Floating Press.

HILLMANN, Felicitas (2016): Migration. Eine Einführung aus sozialgeographischer Perspektive. Stuttgart: Franz Steiner Verlag.

HILLMANN, Felicitas (2014): Migration. In: Lossau, Julia; Freytag, Tim; Lippuner, Roland (Hg.): Schlüsselbegriffe der Kultur- und Sozialgeographie. Stuttgart: Ulmer, 108–121.

HITZLER, Ronald; NIEDERBACHER, Arne (2010): Leben in Szenen. Formen juveniler Vergemeinschaftung heute. 3. Auflage. Wiesbaden: VS Verlag.

HOLERT, Tom (2000): Genius loci. New Economy, Flüchtlingspolitik und die neue Geographie der „Intelligenz". Online verfügbar unter https://web.archive.org/web/20160305001425/http://www.heise.de/tp/artikel/8/8132/1.html, zuletzt geprüft am 24.03.2017.

HRADIL, Stefan (2002): Mobilität. In: Endruweit, Günter; Trommsdorff, Gisela (Hg.): Wörterbuch der Soziologie. 2. Auflage. Stuttgart: Lucius & Lucius, 368–373.

JACOBS, A. J. (2010): At a glance: Where you will be. In: Ferriss, Timothy: The 4-Hour Workweek. Escape 9-5, live anywhere, and join the New Rich. New York: Harmony Books, 127.

JONES, Jeffrey (2015): In U.S., Telecommuting for Work Climbs to 37%. Gallup. Online verfügbar unter http://www.gallup.com/poll/184649/telecommuting-work-climbs.aspx, zuletzt geprüft am 08.06.2017.

JONISCHKAT, Tim; KOLSCH, Thorsten (o. J.a): Protagonisten. Online verfügbar unter http://www.deutschland-zieht-aus.de/people, zuletzt geprüft am 02.04.2017.

JONISCHKAT, Tim; KOLSCH, Thorsten (o. J.b): Über den Film. Online verfügbar unter http://www.deutschland-zieht-aus.de/about, zuletzt geprüft am 27.03.2017.

KEINE EILE (o. J.): Über uns. Online verfügbar unter https://www.keine-eile.de/about/, zuletzt geprüft am 24.12.2017.

KHOLOUSSY, Tarek (o. J.): Nomads Giving Back. Online verfügbar unter https://nomadsgivingback.com/, zuletzt geprüft am 18.03.2019.

KOSCHEL, Jana (2014): „Smells like Teamspirit". Ethnologische Einblicke in die Kultur eines Coworking Space. München: Utz Verlag.

KRÖGER, Sarah; VETTER, Andrea (2009): Beobachtungen zum Backpacking – eine Einführung. In: Kröger, Sarah; Vetter, Andrea (Hg.): Weltweitweg. Beobachtungen zum Backpacking. Münster: LIT Verlag, 7–15.

KUCKARTZ, Udo (2016): Qualitative Inhaltsanalyse. Methoden, Praxis, Computerunterstützung. 3. überarbeitete Auflage. Weinheim/Basel: Beltz Juventa.

KÜHN, Sebastian (2016): Was Geo-Arbitrage ist und wie du es für dich nutzen kannst. Online verfügbar unter https://wirelesslife.de/geo-arbitrage/, zuletzt geprüft am 29.05.2017.

LAMNEK, Siegfried; KRELL, Claudia (2016): Qualitative Sozialforschung. 6. überarbeitete Auflage. Weinheim/Basel: Beltz Verlag.

LEHDONVIRTA, Vili (2017): Where are online workers located? The international division of digital gig work. Oxford Internet Institute. Online verfügbar unter https://www.oii.ox.ac.uk/blog/where-are-online-workers-located-the-international-division-of-digital-gig-work/, zuletzt geprüft am 08.01.2018.

LEVELS, Pieter (2015): The future of digital nomads. Online verfügbar unter https://levels.io/future-of-digital-nomads/, zuletzt geprüft am 17.03.2017.

LIPPHARDT, Anna (2015): Der Nomade als Theoriefigur, empirische Anrufung und Lifestyle-Emblem. Auf Spurensuche im Globalen Norden. Bundeszentrale für politische Bildung. Online verfügbar unter http://www.bpb.de/apuz/208257/der-nomade-als-theoriefigur-empirische-anrufung-und-lifestyle-emblem-auf-spurensuche-im-globalen-norden?p=all#footnode3-3, zuletzt geprüft am 21.03.2017.

MAKIMOTO, Tsugio; MANNERS, David (1997): Digital nomad. Chichester: Wiley.

MANCINELLI, Fabiola (2017): A practice of togetherness: Home imaginings in the life of location-independent families (forthcoming). In: International Journal of Tourism Anthropology 6 (1/2). Online verfügbar unter https://www.academia.edu/34175861/A_practice_of_togetherness_Home_imaginings_in_the_life_of_location-independent_families, zuletzt geprüft am 24.12.2017.

MANDL, Elisabeth (2012): Reisesucht. Die Zukunft des Reisens in Zeiten virtueller Mobilität. Bachelorarbeit. Hamburg: Diplomica Verlag GmbH.

MCKINSEY GOBAL INSTITUTE (MGI) (2016): Independent Work: Choice, Necessity, and the Gig Economy. Executive Summary. Online verfügbar unter http://www.mckinsey.com/global-themes/employment-andgrowth/independent-work-choice-necessity-and-the-gig-economy, zuletzt geprüft am 08.06.2017.

MᴄLᴜʜᴀɴ, Marshall (1995): The global village. Der Weg der Mediengesellschaft in das 21. Jahrhundert. Paderborn: Junfermann.

MᴄLᴜʜᴀɴ, Marshall (1992): Die magischen Kanäle. Understanding Media. Neuausgabe. Düsseldorf u. a.: ECON Verlag.

MᴄNᴜʟᴛʏ, Yvonne; Bʀᴇᴡsᴛᴇʀ, Chris (2016): The concept of business expatriates. Online verfügbar unter https://www.researchgate.net/publication/305592950_The_concept_of_business_expatriates, zuletzt geprüft am 03.05.2017.

Mᴇᴜʀᴇʀ, Marcus (o. J.): Home Welcome to the show. Online verfügbar unter http://www.lifehackz.co/, zuletzt geprüft am 04.04.2017.

Mᴇᴜʀᴇʀ, Marcus (2017): Der Impact digitaler Nomaden. In: IM+io (1), 6–8.

Mᴇᴜʀᴇʀ, Marcus (2015): Interview mit Johannes Völkner von WebWorkTravel. Online verfügbar unter http://www.lifehackz.co/podcast/johannes-voelkner/, zuletzt geprüft am 02.04.2017.

Mᴏᴏsᴍᴜ̈ʟʟᴇʀ, Alois (2007): Lebenswelten von ›Expatriates‹. In: Straub, Jürgen; Weidemann, Arne; Weidemann, Doris (Hg.): Handbuch interkulturelle Kommunikation und Kompetenz. Grundbegriffe – Theorien – Anwendungsfelder. Stuttgart: Metzler, 480–488.

Mᴜ̈ʟʟᴇʀ, Annika (2016): The digital nomad: Buzzword or research category? In: Transnational Social Review 6 (3), 344–348.

Nᴀᴜᴄᴋ, Bernhard (2002): Migration. In: Endruweit, Günter; Trommsdorff, Gisela (Hg.): Wörterbuch der Soziologie. 2. Auflage. Stuttgart: Lucius & Lucius, 362–363.

Nᴏʟᴛᴇ, Hans-Heinrich (2009): Eisenbahnen und Dampferlinien. In: Roth, Ralf; Schlögel, Karl (Hg.): Neue Wege in ein neues Europa. Geschichte und Verkehr im 20. Jahrhundert. Frankfurt (Main): Campus-Verlag, 124–140.

Nᴏᴍᴀᴅ Cʀᴜɪsᴇ (o. J.a): Colombia – Portugal 2017. Online verfügbar unter https://www.nomadcruise.com/colombia-portugal-17/, zuletzt geprüft am 04.04.2017.

Nᴏᴍᴀᴅ Cʀᴜɪsᴇ (o. J.b): Home. Online verfügbar unter https://www.nomadcruise.com/, zuletzt geprüft am 24.12.2017.

OLTMER, Jochen (2012): Globale Migration. Geschichte und Gegenwart. München: Verlag C.H. Beck.

ONE WAY TICKET (o. J.). Online verfügbar unter http://digitalnomaddocumentary.com/, zuletzt geprüft am 27.03.2017.

OPINION MATTERS im Auftrag von ADP (2017): The Workforce View in Europe 2017. Online verfügbar unter http://www.adp.co.uk/assets/vfs///Family-32/adp-files/Insights-Resources/Whitepapers/Docs/adp-uk-workforceview-hcm-2017.pdf, zuletzt geprüft am 08.06.2017.

O'REILLY, Karen (2014): Was ist Lifestyle Migration. Bundeszentrale für politische Bildung. Online verfügbar unter https://www.bpb.de/gesellschaft/migration/kurzdossiers/198238/was-ist-lifestyle-migration, zuletzt geprüft am 29.04.2017.

OSWALD, Ingrid (2007): Migrationssoziologie. Konstanz: UVK.

OXFORD INTERNET INSTITUTE (o. J.): The Online Labour Index. Online verfügbar unter http://ilabour.oii.ox.ac.uk/online-labour-index/, zuletzt geprüft am 08.01.2018.

PARK, Sora (2017): Digital Capital. London: Palgrave Macmillan UK.

PAYCHEX (2016): Goodbye, 9-5! The Growth of the Freelance Economy. Online verfügbar unter https://www.paychex.com/articles/human-resources/goodbye-9-5-growth-of-the-freelance-economy, zuletzt geprüft am 07.06.2017.

PETZOLD, Knut (2013): Multilokalität als Handlungssituation. Lokale Identifikation, Kosmopolitismus und ortsbezogenes Handeln unter Mobilitätsbedingungen. Wiesbaden: Springer VS.

PIEKENBROCK, Dirk; HASENBALG, Claudia (2014): Kompakt-Lexikon Wirtschaft. 5.400 Begriffe nachschlagen, verstehen, anwenden. Wiesbaden: Springer Gabler.

PRAGER, Laila (2012): Einleitung: Repräsentationen von Nomaden und Sesshaften in der ‚Alten Welt'. In: Prager, Laila (Hg.): Nomadismus in der ‚Alten Welt'. Formen der Repräsentation in Vergangenheit und Gegenwart. Münster: LIT Verlag, 1–9.

QUANDT, Thorsten (2013): Podcast. In: Bentele, Günter; Brosius, Hans-Bernd; Jarren, Otfried (Hg.): Lexikon Kommunikations- und Medienwissenschaft. 2. Auflage. Wiesbaden: Springer VS, 266.

REICHENBERGER, Ina (2017): Digital nomads – a quest for holistic freedom in work and leisure. In: Annals of leisure research 21 (3), 364–380.

REPUBLIC OF ESTONIA (2019): Become an e-resident. Online verfügbar unter https://e-resident.gov.ee/become-an-e-resident/, zuletzt geprüft am 13.09.2019.

ROLSHOVEN, Johanna (2006): Woanders daheim. Kulturwissenschaftliche Ansätze zur multilokalen Lebensweise in der Spätmoderne. In: Zeitschrift für Volkskunde 102, 179–194.

SCHMUDE, Jürgen; NAMBERGER, Philipp (2010): Tourismusgeographie. Darmstadt: WBG.

SCHOLZ, Antonia (o. J.): The future is now! Online verfügbar unter www.nomadthinktank.com, zuletzt geprüft am 18.03.2019.

SCHOLZ, Fred (1995): Nomadismus. Theorie und Wandel einer sozio-ökologischen Kulturweise. Stuttgart: Franz Steiner Verlag.

SCHÖN, Gerti (2010): Wohnungslos und Spaß dabei – Digitale Nomaden in New York. Financial Times Deutschland. Online verfügbar unter https://web.archive.org/web/20101206235542/http://www.ftd.de/lifestyle/outofoffice/:digitale-nomaden-in-new-york-wohnungslos-und-spass-dabei/50201587.html?, zuletzt geprüft am 23.03.2017.

SCHREIER, Margrit (2014): Varianten qualitativer Inhaltsanalyse: Ein Wegweiser im Dickicht der Begrifflichkeiten. In: Forum Qualitative Sozialforschung / Forum: Qualitative Social Research 15 (1), Art. 18. Online verfügbar unter http://www.qualitative-research.net/index.php/fqs/rt/printerFriendly/2043/3635#g31, zuletzt geprüft am 25.06.2017.

SENGUPTA, Anuradha (2016): The rise of the digital nomad. Gulf News. Online verfügbar unter http://gulfnews.com/culture/people/the-rise-of-the-digital-nomad-1.1945032, zuletzt geprüft am 23.03.2017.

SHIN, Laura (2016): At These 125 Companies, All Or Most Employees Work Remotely. Online verfügbar unter https://www.forbes.com/sites/laurashin/2016/03/31/at-these-125-companies-all-or-most-employees-work-remotely/#6b74b76b6530, zuletzt geprüft am 19.06.2017.

SPINKS, Rosie (2015): Meet the ‚digital nomads' who travel the world in search of fast Wi-Fi. The Guardian. Online verfügbar unter https://

www.theguardian.com/cities/2015/jun/16/digital-nomads-travel-world-search-fast-wi-fi, zuletzt geprüft am 23.03.2017.

SUBTIRELU, Nicholas (2015): Expats and immigrants: How we talk about human migration. Online verfügbar unter https://linguisticpulse.com/2015/03/15/expats-and-immigrants-how-we-talk-about-human-migration/, zuletzt geprüft am 03.05.2017.

THE ECONOMIST (2008): Nomads at last. Online verfügbar unter http://www.economist.com/node/10950394, zuletzt geprüft am 24.03.2017.

THE WIRELESS GENERATION (o. J.): About this film. Online verfügbar unter http://thewirelessgeneration.com/about/, zuletzt geprüft am 27.03.2017.

THOMPSON, Beverly Yuen (2018): Digital nomads: employment in the gig economy. Online verfügbar unter https://www.academia.edu/36840447/GJ_2018_1_Digital_Nomads_Employment_in_the_Online_Gig_Economy_by_Beverly_Yuen_Thompson, zuletzt geprüft am 17.03.2017.

VAN VAALS, Ferda (2012): The Future of Backpacking. A scenario planning approach to the backpacker's travel behaviour. European Tourism Futures Institute. Online verfügbar unter http://toerismenoordnederland.nl/wp-content/uploads/The-Future-of-Backpacking.pdf, zuletzt geprüft am 02.05.2017.

VETTER, Andrea (2009): Globale Vagabunden. Selbsterfahrung auf der Dauerreise. In: Kröger, Sarah; Vetter, Andrea (Hg.): Weltweitweg. Beobachtungen zum Backpacking. Münster: LIT Verlag, 36–52.

WADHAWAN, Julia (2016): Digitale Nomaden: Vier Stunden, mehr nicht! Online verfügbar unter http://www.zeit.de/2016/06/digitale-nomaden-arbeit-arbeitszeit-home-office-schiff/komplettansicht, zuletzt geprüft am 11.03.2016.

WIRELESS LIFE (o. J.): Wireless Workations. Online verfügbar unter https://workation.wirelesslife.de/, zuletzt geprüft am 24.06.2017.

WORLD TOURISM ORGANIZATION (UNWTO) (2016): UNWTO Tourism Highlights. 2016 Edition. Online verfügbar unter http://www.e-unwto.org/doi/pdf/10.18111/9789284418145, zuletzt geprüft am 16.06.2017.

Anhang

Anhang 1 – Transkriptionsregeln nach Kᴜᴄᴋᴀʀᴛᴢ

1. Es wird wörtlich transkribiert, also nicht lautsprachlich oder zusammenfassend. Vorhandene Dialekte werden nicht mit transkribiert, sondern möglichst genau in Hochdeutsch übersetzt.
2. Sprache und Interpunktion werden leicht geglättet, das heißt an das Schriftdeutsch angenähert. Zum Beispiel wird aus „Er hatte noch so'n Buch genannt" → „Er hatte noch so ein Buch genannt". Die Satzform, bestimmte und unbestimmte Artikel et cetera werden auch dann beibehalten, wenn sie Fehler enthalten.
3. Deutliche, längere Pausen werden durch in Klammern gesetzte Auslassungspunkte (...) markiert. Entsprechend der Länge der Pause in Sekunden werden ein, zwei oder drei Punkte gesetzt, bei längeren Pausen wird eine Zahl entsprechend der Dauer in Sekunden angegeben.
3a. Abgebrochene Sätze werden durch Bindestriche kenntlich gemacht.
4. Besonders betonte Begriffe werden durch Unterstreichungen gekennzeichnet.
5. Sehr lautes Sprechen wird durch Schreiben in Großschrift kenntlich gemacht.
6. Zustimmende beziehungsweise bestätigende Lautäußerungen der Interviewer („mhm", „aha" etc.) werden nicht mit transkribiert, sofern sie den Redefluss der befragten Person nicht unterbrechen.
7. Einwürfe der jeweils anderen Person werden in Klammern gesetzt.
8. Lautäußerungen der befragten Person, die die Aussage unterstützen oder verdeutlichen (etwa Lachen oder Seufzen), werden in Klammern notiert.
9. Absätze der interviewenden Person werden durch ein „I:", die der befragten Person(en) durch ein eindeutiges Kürzel, zum Beispiel „B4:", gekennzeichnet.
10. Jeder Sprechbeitrag wird als eigener Absatz transkribiert. [...]

11. Störungen werden unter Angabe der Ursache in Klammern notiert, zum Beispiel (Handy klingelt).
12. Nonverbale Aktivitäten und Äußerungen der befragten wie auch der interviewenden Person werden in Doppelklammern notiert, zum Beispiel ((lacht)), ((stöhnt)) und Ähnliches.
13. Unverständliche Wörter werden durch (unv.) kenntlich gemacht.
14. Alle Angaben, die einen Rückschluss auf eine befragte Person erlauben, werden anonymisiert.

(Vgl. KUCKARTZ (2016): 167–168; ergänzt um Regel 3a.)

Anhang 2 – Transkription zum Interview mit Bastian Barami

Interview Nummer 1: Bastian Barami
Datum: 15. Juni 2017
Uhrzeit: 12.07 Uhr
Dauer: circa 27 Minuten
Interview: Antonia Scholz
Transkription: Antonia Scholz

I: Kannst du mir bitte ein bisschen was über dich erzählen? Wer bist du und was machst du?

B1: Mein Name ist Bastian Barami, ich bin 32 Jahre alt, ich habe am 01.05.2015 meinen Blog ‚Officeflucht' gelaunched, wo es natürlich auch, wie der Name schon vermuten lässt, um unkonventionelles Arbeiten geht und idealerweise dann eben um ortsunabhängiges Arbeiten als Digitaler Nomade. Und dort stelle ich halt verschiedene Geschäftsmodelle vor, die man online verfolgen kann und versuche halt, Leuten beizubringen, also gewisse Dinge beizubringen, die sie dann für sich implementieren können, wenn sie denn den Wunsch hätten, ortsunabhängig zu arbeiten und eben die Welt zu bereisen. Und ich selber verdiene meinen Lebensunterhalt mit Handel von physischen Produkten auf Amazon und vertreibe das Ganze über dieses Programm das Amazon anbietet, mit dem Namen ‚FBA'. Das steht für ‚Fulfillment by Amazon'. Und so lasse ich meine Produkte in Asien herstellen, die werden vom Hersteller direkt ins Lager in Deutschland geschickt und Amazon stellt mir halt mit diesem FBA-Programm die gesamte logistische Bandbreite, also ihre Infrastruktur, zur Verfügung und das heißt, egal ob ich jetzt in Thailand bin oder in Deutschland oder sonst wo: Wenn jemand mein Produkt auf Amazon kauft, geht halt ein Mitarbeiter ins Lager, verpackt das und verschickt das und ich muss gar nicht da sein und hab gar keinen physischen Kontakt mit der Ware und deshalb kann man damit relativ schnell einen Lebensunterhalt verdienen, weil Amazon einfach eine enorme Reichweite hat und die Leute- Es gibt halt keine Internetseite deutschlandweit, wo Leute schneller oder mehr Produkte kaufen als auf Amazon. Und deshalb war es halt für mich relativ schnell nach Launch des

Blogs möglich, davon zu leben. Ich habe nach viereinhalb Monaten habe ich halt schon davon leben können und bin dann nach viereinhalb Monaten auch losgezogen und habe mit dem Reisen begonnen. Also nicht, dass ich jetzt vorher nie gereist wäre oder so aber so halt mit dem Hintergrund des ortsunabhängigen Arbeitens. Und, ja, seitdem habe ich dann halt immer mehr Aufmerksamkeit mit dem Blog bekommen und bin viel in Medien gewesen, Fernsehen, Radio, Podcasts, Zeitungen und so weiter. Und bin jetzt halt den Sommer wieder in Deutschland, um halt diese Workshops zu veranstalten, wo ich übers Wochenende den Leuten halt beibringe, wie das funktioniert, was ich mache. Und, ja, das macht mir sehr viel Spaß und ich habe glücklicherweise sogar schon in Thailand, so völlig unerwartet, Leute getroffen, die bei meinen Workshops waren und jetzt ortsunabhängig das Ganze betreiben.

I: Ach sehr schön, das ist ja cool. Bist du denn als du angefangen hast, bist du mit der Intention rein ‚Ich baue mir das jetzt auf, um zu reisen‘ oder hat sich das mehr ergeben, oder wie war das?
B1: Nee, das war definitiv die Intention zu reisen. Also ich bin, ich habe ja Hotelfachmann gelernt, also ich habe zweimal die Uni abgebrochen. Ich habe zweimal Lehramt studiert, habe in der Zwischenzeit, zwischen diesen zwei Studiengängen Hotelfachmann gelernt, weil ich eigentlich nur Irgendwas machen wollte, womit ich international arbeiten kann. Damals wusste ich einfach gar nicht, dass es diese Möglichkeit des Reisens und Arbeitens gleichzeitig gibt. Das klingt ja für Leute, die von Nomadentum noch nie gehört haben, wie Utopie. Und das war für mich halt genauso und als ich dann einfach unglücklich so mit meinem hinteren- Also mit dem Job sowieso, dann bin ich halt nochmal studieren gegangen, weil ich dachte: ‚Wenn du irgendwas aus deinem Leben machen willst, dann musst du halt nochmal studieren gehen‘ ((lacht)) und dann dachte ich zumindest: ‚Okay als Lehrer hast du viel Ferien, dann kannst du so zumindest viel reisen‘. Und dann habe ich aber schnell gemerkt so, dass das überhaupt nicht dem entspricht, was ich machen möchte. Also ich meine, ich bin jetzt zwar jetzt auch so trotzdem gewissermaßen so eine Art Lehrer, aber dennoch ist es so, dass ich mir selber aussuchen kann, wann ich vor welcher Klasse stehe. Gewissermaßen.

Und, naja, jedenfalls habe ich dann, nachdem ich das Studium dann nochmal abgebrochen habe, um irgendwie so diesen Tourismus roten Faden beizubehalten, in einer Tourismusagentur gearbeitet, die so Kontingente und so mit Hotels aushandelt und all sowas. Quasi so im Hintergrund. Und da also einen typischen Bürojob gehabt. Und da habe ich erstmal gedacht, so geregelte Arbeitszeiten und all das, super, endlich und besseres Gehalt und kleinen Firmenwagen. Und nach zehn Monaten war ich da echt hochgradig depressiv ((lacht)). Und da musste halt irgendwie nochmal was Anderes her. Und dann habe ich wirklich ganz banale Suchanfragen gestellt bei Google wie ‚Wie werde ich reich?‘, ‚Wie verdiene ich Geld im Internet?‘ und sowas. Weil das halt, irgendwie, so in dem alten Mindset, da denkt man halt okay, Geld löst dann halt die Probleme, die ich habe, damit kann ich alles machen und so. Ja und dann kommt man halt erstmal so auf viele Bauernfänger und dann plötzlich hatte ein Blog diese Buchempfehlung, was so die Digitale-Nomaden-Bibel ist, ‚Die 4-Stunden-Woche‘ von Timothy Ferriss. Und wovon er da schreibt, also das waren insbesondere zwei Dinge und zwar: Zum einen, dass man keine große Firma sein muss, um jetzt Aufgaben auszulagern. Man denkt ja bei Outsourcing immer nur irgendwie an, keine Ahnung, Mercedes, die jetzt Lager in Osteuropa haben oder sowas, ne? Oder ein Werk oder sowas. Und man kann halt kleinste Aufgaben als Privatperson eben schon auslagern. So das war auf jeden Fall schon mal ein Gamechanger. Und insbesondere der Punkt, dass er sagte: ‚Ich will kein Millionär sein, ich will nur wie einer leben‘. Und was er damit meinte, war einfach so, dass Zeit ja so das eigentliche Kapital ist, weil das wirklich das Einzige ist, was man halt niemals wiederbekommt. Und die meisten Millionäre, die haben halt auch keinen Lamborghini in der Garage stehen, sondern sind ganz unauffällig und können einfach die Dinge tun, die sie möchten, weil sie eben nicht mehr Arbeitszeit gegen Geld tauschen müssen. Und das war dann eben für mich auch wichtig, da irgendetwas aufzubauen, das automatisiert ist zu großen Teilen. Das halt stückweit passives Einkommen generiert. Und dann sprach er noch von dem Begriff ‚Geo-Arbitrage‘. Und Geo-Arbitrage bezeichnet halt, dass man in einer starken Währung, wie jetzt Euro beispielsweise, sein Geld verdient, und aber in einer schwächeren Währung, jetzt zum Beispiel in thailändischen Baht, sein Geld ausgibt und so eine Art relatives Einkommen hat, wo man dann plötzlich viel, viel mehr von seinem Geld hat. Weil wenn ich jetzt irgendwie 5000 Dollar in Manhattan verdiene, dann lebe ich am Existenzminium, aber wenn ich 5.000 Dollar nach Thailand nehme, dann lebe ich da, ja, königlich. Und dass man einfach sagt, das kommt dann wieder zurück zu diesem Zitat quasi: ‚Ich will kein Millionär sein, ich will nur wie einer leben‘, dass man plötzlich eine viel, viel höhere Lebensqualität hat, einfach dadurch, dass man seinen Aufenthaltsort verlagern kann, wenn man eben übers Internet arbeitet. Und da gibt es unglaublich viele verschiedene Modelle und weil ich halt nur ein etwas besserer Kellner war als Hotelfachmann und nichts konnte und nichts Digitales wusste, äh, konnte, bin ich dann auf einer Onlinekursplattform gelandet, die heißt udemy, u d e m y dot com, und da gibt es halt Onlinekurse zu allem Möglichen. Zu Public Speaking, zu App Development, zu keine Ahnung, Klavierspielen lernen, zu haufenweise Sachen auch, die man online machen kann, Design, Programmieren, all sowas. Und ich habe dann da, weil die einmal im Monat so irgendwie so eine Promotion haben, wo jeder Kurs dann so zehn bis zwanzig Dollar kostet, statt ein paar Hundert, was dann der normale Preis ist, habe ich dann halt immer, wenn diese Promotion war, irgendwie Großeinkauf gemacht ((lacht)) und hatte dann so fast dreißig Kurse zu verschiedensten Themen, weil ja für mich alles neu war. Und dann gab es da halt einen Kurs zum Thema Amazon FBA. Das war ein englischsprachiger Kurs, ein amerikanischer Kurs, weil die Amis- Wir sind ja selber in Deutschland, wenn es um Nomadentum oder um Onlinearbeiten geht, in einer total privilegierten Situation, in der wir immer nach Amerika gucken können, weil da eben Trends gesetzt werden, und können das dann um eigene Sichtweisen oder eigenes Know-how ergänzen, um das zu einer eigenen Sache zu machen und plötzlich einer von den Pionieren in Deutschland zu sein. Und so war ich dann halt, als dieses FBA Modell für mich so, also mich so umgehauen hat, weil ich dachte, das ist ja total krass, wie kann das sein, dass es da in Deutschland noch keinerlei Quellen zu gibt? Da war ich dann halt der Erste im deutschsprachigen Raum, der öffentlich darüber geschrieben hat, und das hat dann halt eine ziemliche Welle ausgelöst. Und deshalb war ich dann halt am Anfang in extrem vielen Podcast und sonst was alles.

I: Sehr schön, danke. A) Bezeichnest du dich selbst als Digitaler Nomade und B) Würdest du sagen, du hast es ja jetzt immer schon auch mal angerissen, dass Digitale Nomaden gemeinsame Ziele haben?

B1: Ich würde mich definitiv als Digitalen Nomaden bezeichnen. Ich denke allerdings, dass- Also ich möchte schon die Freiheit haben, jederzeit mich weiterbewegen zu können, aber ich finde es halt wichtig, dass man unterscheidet zwischen Backpackern und Digitalen Nomaden, weil die meisten Backpacker, die sind dann halt irgendwie drei, vier Tage an einem Ort und man- Alles ist so schnelllebig. Und wenn man halt zur gleichen Zeit eben auch arbeiten muss, dann funktioniert das so nicht. Eigentlich, die meisten Nomaden, die ich kenne, die bleiben zwei, drei Monate an Orten. Manchmal auch länger, wenn sie jetzt irgendwo hängen bleiben, wo es ihnen extrem gut gefällt, ne? Und nur so kann man eben eine gewisse Routine aufbauen und vernünftig arbeiten und herausfinden, okay, wo kann ich gut arbeiten? In welchem Café finde ich es total entspannt? Oder wo ist das nächste Gym? Oder wo suche ich mir eine Wohnung und sowas. Das geht wirklich eigentlich nur, wenn man ein bisschen länger bleibt. Und die zweite Frage war? Ob man gemeinsame Ziele hat?

I: Genau.

B1: Definitiv. Also das gemeinsame Ziel der Leute ist ja an und für sich- Ja ((lacht)). Ortsunabhängig, also unterwegs eben auch nicht nur die Reiseerfahrung zu haben, sondern idealerweise auch dort Kontakte zu knüpfen, die eben- Oh mein Gott, ich spreche in letzter Zeit so viel Englisch ‚beneficial‘, vorteilhaft, für das eigene Unterfangen sind. Weil man natürlich, wenn man jetzt- Wenn eine große Komponente das Ortsunabhängig-Sein oder -Werden ist, dann findet man diese gleichgesinnten Personen ja nicht zu Hause. Das heißt, man muss quasi on the road sein, um da mit Leuten in Kontakt zu kommen, die auch spannende Businesses haben, die genau unsere Anforderungen des Ortsunabhängig-arbeiten-Könnens erfüllen. Und so trifft man irgendwie auf Reisen viel, viel mehr Leute, die einem Impulse und Input geben, den man dann hinterher für sich selbst auch verwenden kann, um wirklich auch ernsthaft was aufzubauen. Weil es gibt halt so diese Misconception, bei den ganz neuen Digitalen Nomaden zum Beispiel. Wenn man so zur DNX geht oder so, ich finde es zwar immer geil das Event, aber man hat dann halt extrem viele junge Leute da, die dann halt nur Reiseblogs lesen und so und dann halt denken: ‚Okay, ich mach' jetzt einfach mal meinen Reiseblog, dann mach' ich ein bisschen Affiliate-Marketing und dann kann ich von 500 Euro in Chiang Mai, Thailand leben', ne? Und das ist halt so der falsche Ansatz, weil das hinterher so eine Abwärtsspirale ist, aus der man schlecht wieder rauskommt. Und die einzigen Nomaden, die ich jetzt wirklich kenne, die das halt auch wirklich leben können und nicht nur so um die Welt vagabundieren und ständig dann wieder nach Deutschland kommen, sind halt Leute, die das Ganze eben auch unternehmerisch betrachten und unternehmerisch angehen. Also es ist jetzt nicht Selbstständigkeit, also klassisches Unternehmertum oder Digitales Nomadentum. Man muss halt nur als Nomade dieses klassische Unternehmertum ummünzen, indem man jetzt das Ganze moderner gestaltet und sagt- Zum Beispiel es gibt ein Klassikerbuch das heißt ‚Kopf schlägt Kapital' von Günter Faltin. Und der redet immer vom ‚Gründen mit Komponenten', sodass man quasi so die ganzen Kernkompetenzen auslagert, ne? Da sind wir auch wieder beim Auslagern, auch Kleinunternehmer oder Privatpersonen können eben auch auslagern. Dass ich zum Beispiel, ja, das Fulfillment wie Verpackung und Versand und sowas jetzt alles von Amazon machen lasse. Und die Herstellung macht halt jemand in Asien, ne? Und die, ehm, den- Das Design für die Verpackung und so, das macht dann halt alles ein Designer. Das heißt, ich bin quasi nur Dirigent und sage jedem, was er zu tun hat, ne? Und das wäre halt nicht möglich, wenn das Internet nicht wäre, ne? Es entstehen halt ganz, ganz neue Möglichkeiten, die diese digitale Revolution so enorm- Oder generell das Karrierebild so enorm beschleunigen. Und die digitale Revolution, die bewegt einfach viel, viel schneller als die mentale Evolution. Das heißt, die meisten Menschen kommen halt nicht mehr hinterher. Und verpassen den Anschluss, weil die jetzt irgendwie das Internet als zu komplex- Oder wenn ich es sage: ‚Ich arbeite vom Computer aus unterwegs', wenn man jetzt vorher keine Erfahrung jetzt mit Onlinearbeiten hat, dann denkt man: ‚Ah, Computer und so, ich kenn mich da nicht mit aus, ich bin jetzt vielleicht nur Hotelfachmann', ne? Jetzt so als Beispiel ((lacht)). ‚Da habe ich keine Anlaufpunkte'. Und das war ich ja dann aber eben auch genauso. Und deswegen ist eben einfach, dass man nicht viel mehr können muss zu Beginn, als wie wenn ich jetzt Facebook benutze. Weil es halt Onlinekurse zu allem

Möglichen gibt und man sich in alles einarbeiten kann, ne? Das ist halt nicht so, als ob ich jetzt Medizin studieren müsste oder Astronaut werden möchte. Das sind vielleicht so ein paar Sachen, wofür man noch studieren muss. Aber wenn man jetzt halt ein selbstbestimmteres Leben angehen möchte, dann ist Studieren halt so eigentlich das Verkehrteste was man machen möchte, weil es gibt einfach keine Studiengänge, die auf was Anderes abzielen als auf ein Angestelltenverhältnis.

I: Okay. Perfekt. Meine nächste Frage lautet: Wenn du deiner Fantasie freien Lauf lassen könntest: Wie sieht eine Welt aus, in der ausschließlich Digitale Nomaden leben?

B1: ((lacht)) Das wäre totale Anarchie, das kann nicht funktionieren. Weil, also erstens, müsste man dafür halt eigentlich so eine Art Weltbürgertum erschaffen. Es dürfte eigentlich keine Nationen mehr geben. Weil es halt immer internationale Konflikte und Reglementierungen und all sowas gibt und allein schon, was jetzt so mit Steuerrecht gibt und sowas, ne? Wenn jetzt alle Digitale Nomaden wären, dann müsste die Infrastruktur weltweit halt eine ganz, ganz andere sein und daran angepasst werden. Und deshalb, das würde aufgrund dessen allein schon nicht funktionieren und insbesondere natürlich aufgrund dessen, dass es gut ist, dass nicht jeder Digitaler Nomade werden möchte auch. Weil all diese Jobs, die man trotzdem braucht, keine Ahnung, Straßenbau, Klempner, Ärzte, whatever, das muss ja trotzdem alles noch gemacht werden. Deshalb kann einfach nicht jeder Digitaler Nomade werden und das ist auch gut, dass es nicht jeder möchte.

I: Okay.

B1: Das kannst du gern ein bisschen ausschmücken also- So der Gedanke-

I: Du kannst gerne weiterreden, wenn du noch was sagen willst, dann ergänze noch.

B1: Ach so. Nein, nein, ich meine nur, das habe ich ja jetzt nur kurz angeschnitten, so den Gedanken an sich, dass quasi unser System eigentlich zusammenstürzen würde, wenn jeder jetzt plötzlich sagen würde: ‚Fuck it, ich werde jetzt Digitaler Nomade‘, das geht eigentlich nicht.

I: Genau. Das ist dann Post-Nationalismus im Prinzip.

B1: Genau.

I: Genau. Kannst du vielleicht noch was zur E-Residency in Estland in dem Zusammenhang vielleicht sagen?

B1: Ja! Also Estland ist ja ein kleines europäisches Land mit gerade einmal, ich glaube, 3,2 Millionen Einwohnern. Und die haben halt früh diesen Trend des ortsunabhängigen Arbeitens erkannt und bei denen ist auch Internet ein Grundrecht für jeden Bürger. Und die haben eine der krassesten Infrastrukturen der Welt und möchten halt jetzt dadurch, dass es eben ein relativ kleines Land ist, sich eben steuerlich auch attraktiv machen für internationale ortsunabhängige Unternehmer, indem sie eben diese E-Residency ins Leben gerufen haben. Das ist eine elektronische Bürgerschaft, keine vollwertige Bürgerschaft. Also das ist jetzt für Nichteuropäer nicht automatisch eine Aufenthaltsgenehmigung oder so. Das, was es so interessant macht, ist einfach, dass man dort zum einen alles komplett remote machen kann. Also man muss nie wieder physisch irgendwas ausdrucken und unterschreiben und zur Post bringen oder sonst was. Das heißt, man kann es halt wirklich komplett ortsunabhängig alles machen, also ich kann mich da, ich habe so eine E-Residency-Karte, so eine Chipkarte mit so einem USB-Lesegerät und mit dieser Karte logge ich mich ein in mein Onlinebanking, in mein Steuerportal, kann mit ein paar Klicks meine monatliche Steuererklärung machen. Ich muss da selber unglaublich wenig Zeit aufwenden, um mein gesamtes Business dort zu führen, und das Ganze ist halt extrem günstig. Also die E-Residency selbst kostet einmalig 100 Euro und die Geschäftsanmeldung kostet dann nochmal 130. Und das Krasse ist einfach, dass die dort- Also ich habe eine sogenannte OÜ gegründet, das ist das Pendant zur deutschen GmbH, also eine richtige Kapitalgesellschaft – nur, dass man in Deutschland für eine GmbH 25.000 Euro Stammeinlage braucht und dann noch einen Notar bezahlt und all sowas, und bei der OÜ, da zahlt man nur zweieinhalb Tausend ohne Notar und muss die noch nicht einmal einzahlen, das heißt, ich kann die einzahlen, wann immer ich möchte, nur natürlich, solange die nicht eingezahlt sind, würde ich halt dann auch noch mit meinem Privatvermögen haften, wenn irgendwas passiert. Aber da ich jetzt nur Consulting mache zum Beispiel und jetzt nicht, keine Ahnung, Uran verkaufe ((lacht)), ist das jetzt dann theoretisch auch gar nicht notwendig, dass ich jetzt diese Stammeinlage bezahle. So das Reizvolle für Leute, die halt ihr Business aufbauen wollen, ist einfach, dass in Estland alle Gewinne, die entstehen, solange sie in der Firma bleiben, hundert Prozent steuerfrei sind. Das heißt, ich könnte alle Gewinne komplett zu hundert Prozent reinvestieren und müsste nicht wie in Deutschland jetzt erstmal Gewinne versteuern und dann mit dem Rest reinvestieren oder sowas. Das heißt, wenn ich jetzt das nur als Firma nutze und vielleicht noch andere Privateinkünfte hätte oder sowas, dann muss ich dann halt gar keine Steuern für zahlen. Und wenn ich jetzt Geld da rausnehme, dann zahle ich halt pauschal zwanzig Prozent. Beziehungsweise da gibt es auch noch Mittel und Wege, das irgendwie geringer zu halten, weil man jetzt im zweiten Jahr das in Form von Dividenden macht und so, aber das geht jetzt, glaube ich, wahrscheinlich ein bisschen zu weit.

I: Okay. Was denkst du denn, was die Vorteile für Estland sind in diesem Fall?

B1: Dass sie sich natürlich trotzdem, weil Leute natürlich auch Geld aus den Firmen rausnehmen, dass- Also zum einen haben die natürlich mehr Steuereinnahmen, weil plötzlich mehr Leute Firmen haben, als Leute dort leben. Das natürlich. Und es ist ja grundsätzlich nicht verkehrt, technisch Vorreiter in vielen Dingen zu sein, weil dadurch natürlich tolle internationale Beziehungen auch in Form von Kooperationen später entstehen können. Und ich meine, Estland ist halt in vielen Dingen schon Vorreiter gewesen, zum Beispiel Skype, was wir hier gerade nutzen, stammt aus Estland. Also der Gründer ist Este, ne? Also einer der drei Gründer. Und die haben halt eine ziemlich krasse Start-up-Szene und ich denke einfach, dass dieser ganze Fintech-Bereich und sowas mit so Financial Apps und all sowas, was dort in Estland und generell in Skandinavien sehr groß ist, total davon profitiert, wenn Estland plötzlich so ‚on the map' ist. Dass das international so beworben wird und- Natürlich kommen auf dieses Thema nur Leute, die eben ortsunabhängig oder die online arbeiten und so in der Start-up-Szene aktiv sind und da kommen neue Investoren und so, ne? Also irgendwie erregt das einfach Aufmerksamkeit in den richtigen Kreisen, weltweit aber.

I: Okay, cool. Weißt du denn schon von anderen Ländern, die da in die Richtung was machen?

B1: Ich weiß, dass es Länder gibt, die an sowas denken, aber ich weiß gerade nicht mehr genau, welche es waren. Ich hatte so zwei im Sinn, aber ich weiß gerade nicht mehr. Weißt du es?

I: Okay, ist nicht so wild. Dann habe ich noch folgende Frage: Du bist ja innerhalb der Digitalen-Nomaden-Szene recht bekannt und hältst regelmäßig Vorträge, das hast du ja gerade gesagt, und gibst auch Interviews. Hörst du auch kritische Stimmen zum Thema Digitaler Nomadismus und wenn ja, was wird am häufigsten kritisiert und wie schätzt du diese Kritik ein?

B1: Es wird häufig kritisiert, dass- Also zum einen wird kritisiert, dass viele Nomaden, ja irgendwie wie moderne Hippies wären und alle ja kein Geld verdienen. Und ich bin der Meinung, dass das natürlich, ja, es gibt definitiv viele Leute, die jetzt erstmal nur das Reisen in den Vordergrund stellen und nicht so wirklich daran denken, dass sie ein lukratives Business aufbauen oder so. Und ich persönlich mag den Mittelweg, also ich bin jetzt auch nicht so der Hardcore-Unternehmer oder sowas, da habe ich einfach- Ich will einfach, wenn ich schon reise, dann will ich auch was von den Orten sehen und nicht die ganze Zeit nur am Laptop sitzen natürlich. Aber ist schon wahr, dass auf jeden Fall viele Leute dabei sind, die naiv ins Nomadentum starten und dann irgendwann nach einem Jahr oder so zurückkommen, Erspartes ausgegangen und dann denken: ‚Okay, ja, das war jetzt nichts für mich.‘ Erstens das, also Leute, die kein Geld verdienen. Ist natürlich jetzt nicht zu pauschalisieren, es gibt auch andere Leute, die unglaublich erfolgreich sind. Also ich kenne Millionäre, die als Nomaden unterwegs sind. Dann, dass es nur so eine Art Phase ist, ne? So, dass alle irgendwie so voll ihren Freiheitswahn ausleben wollen und dann hinterher merken: ‚Ah, Nomadentum, ist nichts für die Ewigkeit‘, ne? So, dass man jetzt halt später irgendwann doch mal setteln möchte und ein normales Leben- in Anführungszeichen „normales Leben" – führen möchte. Und ich denke, da ist natürlich ein Stück weit Wahrheit dran. Also erstens: Man kann nicht in die Zukunft gucken, das weiß nie jemand zu hundert Prozent, weil die ganzen Leute ja auch unterschiedlich ticken. Aber der Vorteil für mich ist dabei einfach, auch wenn ich glaube, dass ich irgendwann wieder sesshaft werden möchte, dass man- Also ich weiß, ich möchte nicht in Deutschland sesshaft werden, weil ich so viele tolle Orte gesehen habe, wo ich für mein Geld auch viel, viel mehr bekomme, dass ich niemals die rationale Entscheidung treffen könnte: ‚Ach, ich gehe jetzt zurück nach Deutschland ausgerechnet.‘ Und ignoriere all die Orte, wo es viel cooler war, ne? Deshalb, der Vorteil ist, dass du reisen kannst, um herauszufinden, wo finde ich es denn am Coolsten, um mich dann hinterher niederzulassen, wenn es mal soweit ist. Also ich mag diesen Gedanken, und das geht vielen Nomaden so, von Multilokalität, ne? Dass man so seine top zwei, drei Orte hat, an die man immer wieder gerne zurückkommt, wo man Anlaufpunkte hat, wo man sich halt auskennt, wo man sich heimisch fühlt. Also so eine gewisse Form von Heim oder Heimat, denke ich, braucht trotzdem jeder Mensch, nur muss das nicht mehr die eigentliche Heimat im klassischen Sinne sein. Und, letzter Punkt, natürlich, natürlich Beziehungen, Familie, Kinder. Das ist natürlich immer ein Punkt, der ständig aufkommt, dass das ja so nicht möglich sei. Es gibt auch Nomadenfamilien, es gibt Leute, die betreiben ganze Blogs darüber, dass sie mit ihrer fünfköpfigen Familie die ganze Zeit durch die Welt reisen und sowas, und beweisen da quasi das Gegenteil. Wobei es natürlich schon tatsächlich eine Ausnahme ist; die meisten Nomaden sind relativ jung und ungebunden und so und viele erzählen dann halt so: ‚Ja ich habe mich erstmal von meinem Partner getrennt nach, keine Ahnung, acht Jahren oder sowas und lebe jetzt hier meinen Traum und so.‘ Und das Problem ist natürlich, dass viele, die dann halt andere Nomaden daten, dass das dann vielleicht so die Reisepläne- Dass man nicht auf einen Nenner kommt. Also es gibt extrem viele Nomadensingles, ne? Und ich denke einfach, dass wenn man jetzt irgendwie zu Hause alle Zelte abgebrochen hat, um eine gewisse Freiheit zu erlangen, dass sich dann Leute einfach grundsätzlich schwerertun, wieder ein bisschen davon abzugeben, indem man jetzt in eine Partnerschaft geht.

I: Okay. Du hattest das vorhin ganz kurz angesprochen mit dem ‚Geo-Arbitrage' von Ferriss. Hast du da- Kommt da immer mal die Kritik eines Neo-Kolonialismus?

B1: Nein! Weil das Ding ist einfach, dass wir- Also wir haben ja grundsätzlich- Wir profitieren ja grundsätzlich alle von Geo-Arbitrage, von der Globalisierung. Im Endeffekt achtzig Prozent der Produkte, die wir jeden Tag nutzen, sind genauso aus China. Ob ich die jetzt hier nutze oder anderswo Vorteile nutze, ich finde, das ist dann tatsächlich Haarspalterei. Zumal ich persönlich, ich weiß nicht, ob du mich so ein bisschen mehr durchleuchtet hast oder sowas, aber ich versuche halt, an verschiedenen Orten auch immer wieder was zurückzugeben und an sozialen Projekten und sowas teilzunehmen. Und Geo-Arbitrage ist halt keine Einbahnstraße, aber ich denke, dass man gerade, wenn man dann vor Ort ist, viel mehr auswiegen kann, als wenn man jetzt ja einfach in Deutschland in seinem Büro sitzt und dann den Digitalen Nomaden gegenüber so den Finger erhebt.

I: Okay. Jetzt nur noch die Frage, ob du noch etwas sagen möchtest beziehungsweise dir noch etwas wichtig ist zu erwähnen, zu ergänzen? Genau. Ganz offen.

B1: Mit dieser Frage erwischt man mich bei jedem Interview am Ende immer ganz eiskalt.

I: Du musst auch nicht.

B1: Jedes Mal. Nee, jetzt spontan nicht, ehrlich gesagt.

Anhang 3 – Transkription zum Interview mit Sebastian Kühn

Interview Nummer 2: Sebastian Kühn
Datum: 21. Juni 2017
Uhrzeit: 13.06 Uhr
Dauer: circa 24 Minuten
Interview: Antonia Scholz
Transkription: Antonia Scholz

I: Kannst du mir bitte ein bisschen was über dich erzählen? Wer bist du und was machst du?

B2: Ja, ich bin Sebastian, 34 Jahre alt, habe eine Ausbildung gemacht im Einzelhandel, war danach ein Jahr im Ausland, dann mit 24 nochmal begonnen zu studieren, erst BWL im Bachelor und dann International Business im Master. Und habe nebenbei auch verschiedene Festanstellungen gehabt und Nebenjobs und habe irgendwann gemerkt, dass mir diese Bürolandschaft- Also ich habe mich eigentlich nie so richtig wohl gefühlt und habe es dann, mit Ende zwanzig, mit der Selbstständigkeit probiert. Und das war auch der Zeitpunkt, als ich nach Shanghai gezogen bin mit meiner damaligen Freundin, mich dort selbstständig gemacht als, ja, Freelancer im Bereich Übersetzung und Online-Marketing. Hab' das ausgebaut zu einer Agentur, also habe dann quasi selber die Arbeit weiter ausgelagert. Nicht mehr selbst erbracht. Habe nebenbei einfach verschiedene Sachen im Internet ausprobiert, mit denen man Geld verdienen kann. Und was hängen geblieben ist, ist mein Blog, oder ist eher eine Plattform, die sich ‚Wireless life' nennt und sich an Digitale Nomaden und Online-Unternehmer richtet. (Unv.) diese Plattform gibt es jetzt mittlerweile alle möglichen Angebote, mit denen ich auch den Großteil meines Einkommens verdiene.

I: Was ist denn so deine Intention hinter dem, was du tust?

B2: Ich habe für mich gemerkt, zu dem Zeitpunkt, als ich mich nicht mehr wohl gefühlt habe in den typischen Corporate Jobs, dass mir die Selbstständigkeit, die für mich früher nie eine Option war, so viele Möglichkeiten geboten hat und vor allem diese digitale Selbstständigkeit, die mich nicht an einen Ort gebunden hat. Und ich war einfach so begeistert von den ganzen Möglichkeiten und Freiheiten, die dadurch gekommen sind, dass ich das einfach gerne weitergeben wollte. Und das ist auch immer noch meine große Motivation ist, dass- Den Leuten, die diese Option vielleicht noch nicht sehen, diese Leute zu inspirieren, (unv.), genau über, ja, Optionen in der digitalen Selbstständigkeit nachzudenken.

I: Und war das, als du dann in Shanghai warst und deine Übersetzungen angefangen hast und dann später die Agentur gegründet hast- Bist du schon direkt- Also wusstest du schon, dass es sowas wie Digitalen Nomadismus gibt oder hat eher so das eine zum anderen geführt und, ja?

B2: Genau, ich wusste das überhaupt nicht. Das war Anfang 2012, da war das in Deutschland noch gar nicht so präsent. Hatte auch wenige Freunde, (unv.) die selbstständig waren, ich glaube, deshalb hat es bei mir auch so lange gedauert, bis ich mich zu dem Schritt entschieden habe. Das war eher aus so einer Unzufriedenheit heraus, also es war nicht so ein ‚hin zu‘ sondern eher so ein ‚weg von‘. Und war dann in Shanghai relativ schnell einsam, weil es da auch wenige Selbstständige gab. Und dann habe ich begonnen, einfach im Internet zu suchen, gibt es denn Leute die Ähnliches machen wie ich, kann ich mich mit denen vernetzen. Und dann bin ich ziemlich schnell so auf die ersten Digitalen Nomaden, die sich dann in Deutschland hervorgetan haben, das muss so Mitte 2013 gewesen sein, bin auf die gestoßen. Habe mich relativ schnell mit denen vernetzt. Und habe dann eben auch aus dieser Motivation heraus, dass ich selbst viel allein für mich gearbeitet habe, eine eigene Online Community erstellt, genau für die Digitalen Nomaden, die dann, genau, dafür gesorgt hat, dass ich jetzt mittlerweile ein relativ großes Netzwerk habe.

I: Cool. Könntest du mir in deinen eigenen Worten vielleicht mal erklären was Digitaler Nomadismus ist, was du damit verbindest et cetera?

B2: Ja, also was ich persönlich damit verbinde, was auch keine allgemeine Definition sein soll, ist einfach die Freiheit, jederzeit von überall aus arbeiten zu können und sich dabei auch selbst die Zeit einteilen zu können. Und was ich dann mit dieser Freiheit, also mit der örtlichen und auch zeitlichen Freiheit mache, das ist ganz mir allein überlassen, ne? Ich glaube, manche

Menschen nutzen das, um wirklich 365 Tage im Jahr zu reisen, andere nutzen das, um ihr neu geborenes Kind aufwachsen zu sehen, von zu Hause aus arbeiten zu können. Also ganz unterschiedliche Arten und Weisen.

I: Würdest du sagen, dass Digitale Nomaden gemeinsame Ziele haben, gibt es irgendwas, was allen gemein ist, wonach man irgendwie strebt? Also- Oder- Ja, lasse ich mal so stehen.

B2: Ja, ich glaube, der Wertekompass ist sehr, sehr ähnlich. Das merkt man, wenn man auf Konferenzen geht oder so in Communities mit Digitalen Nomaden unterwegs ist, man versteht sich immer relativ schnell, obwohl man sehr, sehr unterschiedlich ist, vom Background her, vom Alter her, von den Interessen her. Aber alle vertreten ähnliche Grundwerte und das sind vor allem Freiheit, das ist sehr, sehr viel Selbstbestimmung, also auch entscheiden können, woran arbeite ich und womit verdiene ich mein Geld, und auch das große Interesse daran, etwas zu schaffen, was wirklich nachhaltig ist und Mehrwert bietet, und ja eben nicht acht Stunden am Tag für jemanden anders zu arbeiten, für eine Sache, hinter der man nicht komplett steht, sondern ja wirklich selbst etwas zu schaffen, auf das man stolz sein kann. Und ich glaube, das verbindet uns alle sehr.

I: Okay. Wenn du deiner Fantasie- Also, neue Frage: Wenn du deiner Fantasie freien Lauf lassen könntest: Wie sieht eine Welt aus, in der ausschließlich Digitale Nomaden leben?

B2: Puh, ganz schön chaotisch wahrscheinlich ((lacht)). Gute Frage, die ich mir noch nie so gestellt habe. Also ich glaube, es kann einfach nicht funktionieren, weil es einfach- Ich glaube, die meisten Digitalen Nomaden, gerade eben durch diesen Freiheitsdrang und diesen Wunsch nach Selbstbestimmung, haben einfach Probleme mit Strukturen und können sich, glaube ich, auch schlecht irgendwo- Lassen sich ungern irgendwo reindrücken. Und das steht ja nicht immer, im- Also in diesem klassischen Wohle der Gesellschaft, also es ist sehr, sehr viel Individualität und ich glaube nicht, dass das im Großen und Ganzen gut wäre für die gesamte Menschheit. Also ich kann mir das überhaupt nicht vorstellen, dass irgendwann alle nur noch digitalnomadisch unterwegs sind oder so arbeiten.

I: Okay. Wie passt das denn dann zusammen, wenn man sagt, okay einerseits hat man den Wunsch irgendwie ganz vielen Menschen davon zu berichten und das zu ermöglichen, aber andererseits gibt es ja natürlich auch wie so eine Grenze. Also wenn das jetzt, wie du es schon gesagt hast, wenn das jeder machen würde- Würde es nicht funktionieren? Oder bräuchte man vielleicht andere Systeme?

B2: Ich glaube, erstmal grundsätzlich fühlt sich- Also jeder Mensch hat ja auch so einen anderen Wertekompass, ne? Und dann gibt es die Leute, die Balancer sind, die einfach mehr Sicherheit brauchen und die sich nie wohl fühlen würden, wenn sie keinen- Nicht das gleiche monatliche Gehalt bekommen jeden Monat und nicht das feste Zuhause hätten. Würden sich damit einfach nie wohl fühlen und ich glaube, so geht es auch vielen Leuten, die ich unterwegs treffe, die sagen: ‚Ich will mich jetzt in dieses Abenteuer stürzen, um die Welt reisen und dabei arbeiten‘, aber nach ein, zwei Jahren merken: ‚Das verstößt irgendwie gegen alles, wofür ich stehe oder was meine Persönlichkeit ausmacht.‘ Und dann war das ein Traum, der kurzzeitig gelebt wurde, aber es steht einfach nicht- Stimmt nicht mit den Werten überein. Und dann gibt es, glaube ich, gerade in Deutschland, ich erinnere mich, mal so eine Statistik gesehen zu haben, dass 70 % der Deutschen genau diese Balancer sind und ein kleiner Teil der Deutschen halt Stimulanzer sind, die immer wieder diese Anregung von außen brauchen, die genau diese Scanner-Persönlichkeit haben. Und für die ist das, glaube ich, eine absolut gute Option, um sich ausleben zu können, um viel testen zu können, um immer die Abwechslung zu haben. Also das ist schon mal der Grundsatz, dass das sowieso nicht für jeden das richtige Lebensmodell sein kann. Und kannst du den- Ich glaube, da war noch ein zweiter Teil deiner Frage, kannst du den nochmal wiederholen?

I: Ich überlege gerade, also die stand jetzt hier nicht, das war einfach nur so eine-

B2: Also genau, die natürliche Grenze, ne?

I: Ach so ja, die Grenze, genau.

B2: Also ich glaube, im Moment stellt sich mir die Frage noch gar nicht, weil es- Also es ist ja immer noch eine absolute Randerscheinung. Ich weiß nicht, wie viele Leute wirklich dieses Leben eines Digitalen Nomadens in

Deutschland leben. Vielleicht sind es zwanzig, dreißig Tausend. Also absolute Randerscheinung. Es werden sicher mehr, weil auch mehr- Ich sehe, es gibt auf jeden Fall auch den Trend ja schon eine Weile, dass immer mehr Unternehmen ihre Leute remote arbeiten lassen oder aus dem Homeoffice zumindest, dass die flexible Arbeitszeiten haben und im Grunde auch die Möglichkeit haben, von überall aus zu arbeiten. Aber ich sehe auch, dass viele Leute, die diese Möglichkeit haben, die einfach auch gar nicht nutzen wollen. Das mit dem Reisen zu verbinden oder auch mit- Dass vielen Leuten diese Flexibilität einfach nicht guttut. Und ich glaube auch, da ist schon diese automatische Grenze, dass das einfach nicht jeder machen würde, nicht jeder will.

I: Ist das denn für dich ein Lebensstil, den du als dauerhaft für dich ansiehst und der- Den du auch als gut für dich so identifizierst, oder?
B2: Ich merke, dass ich auch selber immer noch auf der Suche bin und sich so meine Vorstellungen an mein perfektes Leben auch immer nochmal alle ein, zwei Jahre so ein bisschen anpassen. Was ich gelernt habe, jetzt gerade in den Zeiten, wo ich auch relativ viel gereist habe, ist, dass mir ein Bezugspunkt total wichtig ist, also ein Zuhause. Dass es vor allem kommt es mir dann auf die Menschen drauf an, gar nicht so sehr auf den Ort. Aber einfach so ein, auch dieses Gefühl der Sicherheit einfach zu haben, dass man dort angekommen ist, dass man dort auspacken kann, dass man die Infrastruktur dort kennt, dass man sich dort wohlfühlt. Und das muss auch nicht immer der gleiche Ort sein oder das können auch gerne zwei, drei verschiedene Orte auf der Welt sein. Aber diese Bezugspunkte sind mir sehr wichtig. Und was ich im Moment für sehr erstrebenswert halte, ist genau dieses Prinzip der Multilokalität also, dass man zwei, drei Homebases hat.

I: Hast du das schon jetzt oder willst du dahin?
B2: Ja, ich würde schon sagen, es gibt diese drei, vier Orte im Moment. Das ist Berlin, einfach so als meine Heimat, in der ich aufgewachsen bin, das ist Chiang Mai in Thailand, das ist auch Bali, wo ich sehr viel war in den letzten Jahren und das war jetzt auch lange Zeit Singapur, wo ich auch eine ganz, ganz feste Wohnung hatte.

I: Ah ja, okay. Und warum diese Orte? Gut Berlin, da bist du her. Und die anderen drei?

B2: Es gibt, glaube ich, immer- Also wenn man das frei entscheiden kann, den Ort, dann sind die Kriterien für mich, also das Wetter, das ist mir verdammt wichtig; ich fühle mich einfach nicht so sehr wohl hier im deutschen Winter. Also es ist schön, wenn es ein Ort ist, wo es das ganze Jahr über einfach eine gute Temperaturen hat. Die Kosten spielen natürlich eine große Rolle, weil sich mein Einkommen nicht ändert, aber meine Ausgaben kann ich ja kontrollieren, je nachdem welchen Ort ich mir aussuche. Dann ist natürlich verdammt wichtig, dass es dort andere Leute gibt, die ähnliche Sachen machen wie ich. Also dass dort einfach schon eine Community vor Ort ist von anderen Selbstständigen. Dass das Internet natürlich stabil ist, dass es dort Coworking Spaces und Cafés gibt und alles, was mit der Infrastruktur zu tun hat. Und genau diese Kriterien, Sicherheit, wird für mich auch immer ein größeres Kriterium. Und die, vor allem in Asien, eigentlich überall gegeben ist. Genau aus den Gründen sind, ja, Bali und Chiang Mai, Singapur die Orte, an denen ich mich wohlfühle und auch gut arbeiten kann.

I: Cool. Genau, jetzt hätte ich noch die nächste Frage, ich lese mal vor: Du bist innerhalb der Digitalen-Nomaden-Szene ja recht bekannt und hältst regelmäßig Vorträge oder gibst Interviews. Hörst du auch kritische Stimmen zum Thema Digitaler Nomadismus? Wenn ja, was wird am häufigsten kritisiert und wie schätzt du diese Kritik ein?

B2: Ich glaube, ich bin einer, selbst einer der größten Kritiker. Weil viel- Ich glaube, durch die Medien geht auch immer dieses Bild von dem Web-Worker, der irgendwo in einer Hängematte liegt und eine Kokosnuss trinkt und dann zwei Stunden am Tag arbeitet und damit gutes Geld verdient. Und genau mit diesem Bild lassen sich natürlich auch viele Bücher und Online-kurse und Workshops verkaufen. Und damit werde ich natürlich auch oft assoziiert. Und das ist natürlich überhaupt nicht das Bild, was ich von mir selbst haben möchte. Und das ist ein großer Kritikpunkt, dass alles viel zu blumig dargestellt wird und viel zu einfach. Dass gesagt wird, jeder kann das und das ist nicht schwer und das ist einfach falsch. Ein anderer großer Kritikpunkt ist, dass sich gerade Digitale Nomaden sich schon sagen, dass sie sehr, sehr viel auf Nachhaltigkeit achten, auf gesunde Ernährung, auf- Darauf, dass auch im Ausland faire Löhne bezahlt werden, dass sie der Umwelt Gutes tun. Aber dass dort eigentlich eine, ja schon gewissermaßen schon so eine Doppelmoral herrscht, weil wir ja natürlich das ganze Jahr über durch die Welt fliegen und damit auch einen großen Teil zum CO2-Ausstoß beitragen, dass wir viele Sachen outsourcen in Länder wie Indien und die Philippinen und dort keine guten Löhne bezahlen, dass wir in China billig produzierte Ware bestellen in Fabriken, wo die Arbeitsbedingungen einfach nicht gut sind, und die dann in Deutschland weiterverkaufen. Und genau diese Doppelmoral, die gibt es auf jeden Fall und das ist für mich auch ein ganz wichtiger Kritikpunkt, ja, da eine Diskussion anzustoßen, zu überlegen- Wir wollen alle diese Werte vertreten, die gut sind für den Menschen, gut sind für die Umwelt und die Gesellschaft, aber haben eigentlich Geschäftsmodelle, die genau diese Werte mit Füßen treten.

I: Ist denn da innerhalb der Szene deiner Meinung nach ein Bewusstsein schon da oder nicht?

B2: Leider noch nicht oder zumindest wird nicht offen drüber gesprochen. Das sind die Leute, die das Bewusstsein haben und die sich dann eher abwenden und sagen, sie wollen nicht assoziiert werden mit dem Begriff ‚Digitaler Nomade‘. Und die Leute im Moment sehr viel Geld damit verdienen, ihr Wissen an andere Digitale Nomaden weiterzugeben und Konferenzen zu veranstalten, Workshops zu geben und so weiter. Die haben auch nicht so ein riesengroßes Interesse daran, so viel Kritik zu üben, weil das Geschäft einfach gut läuft, solange, wie Leute an dem Lifestyle interessiert sind. Und ja, das ist schade.

I: Achtest du denn in deinem Lifestyle da drauf, dass das alles vielleicht- Ein bisschen nachhaltiger zu gestalten? Oder siehst du dich da eher so ein bisschen in so einer, ja, Aufklärerrolle, also oder ja. Ganz offen:

Machst du da was persönlich in deinem Lifestyle für, damit das nachhaltiger wird?

B2: Ja, ich versuche es. Ich versuche da auf jeden Fall also, bewusste Entscheidungen zu treffen, merke aber auch, wie schwierig das ist. Also beim Thema Flüge, ne? Ich finde es wahnsinnig schön, die Möglichkeit zu haben, viele Länder kennenzulernen und Leute auf der ganzen Welt zu besuchen. Kämpfe dann aber zur gleichen Zeit natürlich mit dem schlechten Gewissen, zu wissen, dass ich pro Jahr vier oder fünf Langstreckenflüge habe. Und, was für mich wieder erstrebenswert ist, ist einfach diese Balance aus den- Es gibt ja jetzt so schön diese drei Säulen der Nachhaltigkeit. Die ökologische, ökonomische und soziokulturelle Säule und da eine Balance zu schaffen, zu sagen, ja, wenn ich schon so viel fliege und weiß, dass ich dann halt der Umwelt schade, dann versuche ich, wenigstens im Land Gutes zu tun, und versuche, dort einmal mich mit den Kulturen vor Ort zu beschäftigen, auch für Austausch zu sorgen, auch- Was wir jetzt ein paar Mal gemacht haben, ist, in Schulen zu gehen und den Leuten mal so ein bisschen zu erklären, wie wir eigentlich so arbeiten, wie ein Laptop funktioniert. Oder auch wenn wir- Was ich mache, ist, Workations zu veranstalten, (unv.) zehn bis zwölf andere Digitale Nomaden irgendwelche schönen Orte, arbeiten dort zwei Wochen gemeinsam, dass wir dort von jedem einen Spendenbeitrag einsammeln und das einem guten Zweck vor Ort zukommen lassen. Oder, dass ich sage, wenn ich in diese Länder reise, dann versuche ich, das Geld auch vor Ort auszugeben. Also nicht in große Hotelketten zu gehen oder bei McDonalds zu essen, sondern gucke ich, das lokal auszugeben, sodass es den Leuten vor Ort zugutekommt. Und dass dann so am Ende zumindest eine gute Balance, ja, zwischen diesen verschiedenen Ebenen steht.

I: Und, wie findest du Projekte, die du dann unterstützt? Entweder durch Spenden oder physisch mit deiner Person sozusagen?

B2: Hatte bisher immer das Glück, dass wir immer jemanden- Einen Ansprechpartner vor Ort hatten. Entweder jemand, der uns die Unterkunft organisiert hat, oder jemand, der diese Workation mitorganisiert hat. Dass wir einfach einen guten Kontakt hatten zu den Menschen vor Ort und dann, ja, eine Institution rausgesucht haben, die unterstützungswürdig war.

I: Schön. Was habe ich hier jetzt noch? Muss kurz mal lesen. Ja, ich habe jetzt hier noch so eine offene Frage, ich weiß nicht, ob wir die jetzt schon nicht auch so halb beantwortet haben: Wie bewertest du die Zukunft von Digitalem Nomadismus? Also einerseits natürlich hatten wir ja jetzt gesagt, dass das jetzt kein Lebensstil ist, den alle wollen und auch alle auch machen können, aber denkst du die Bewegung wird wachsen oder wird sie sich- Denkst du, sie wird sich irgendwie verändern? Vielleicht ganz offen.

B2: Ja. Ich glaube, ja, ist vielleicht auch noch mal eine gute Zusammenfassung zu dem, was wir vorher schon gesagt haben: Dass diese Bewegung, die ist ja immer noch recht jung, würde sagen, in Deutschland so richtig präsent ist die vielleicht seit vier Jahren, dass das jetzt schon an so einem Scheidepunkt steht. Und ich glaube, dass genau diese Diskussion darüber, wie nachhaltig ist das eigentlich was wir machen, wie massentauglich ist das auch? Dass die jetzt starten muss, weil es ansonsten, was man auch merkt in dieser Szene, ist, dass die schon so ein bisschen auseinanderbricht und dass viele Leute sich eben nicht mehr mit den Werten, die von einigen Digitalen Nomaden vertreten werden, selbst, ja, verbunden fühlen. Und sich dann eher abwenden. Und man merkt schon, dass das da so eine Spaltung gibt. Und genau deshalb wird diese Diskussion jetzt so wichtig und wenn die stattfindet, dann wird das die ganze Bewegung auch weiterwachsen, definitiv. Vor allem, wenn das auch mehr in den Unternehmen ankommt, Unternehmen mehr Vertrauen in ihre Mitarbeiter haben und sagen: ‚Ja, wir würden euch auch ermöglichen, diesen Lifestyle zu leben, wenn ihr weiterhin eure Leistung bringt. Und uns ist dann auch egal, von wo ihr die erbringt.‘

I: Cool. Jetzt zum Abschluss noch die Frage, ob du sonst noch was sagen möchtest, dir noch was wichtig ist zu betonen?

B2: Ja, eine Sache, die mir auch noch verdammt wichtig ist, ist, dass viele Leute, wie sage ich es am besten? Viele Digitale Nomaden sind halt sehr individuell und in dem Zuge auch sehr egoistisch und gucken immer zuerst auf sich, was ist das Beste für mich, was ich ja grundsätzlich ja nicht für falsch halte. Und dann an Orte gehen, wie zum Beispiel Chiang Mai oder Bali, und dort ihr Leben leben, günstig dort essen und arbeiten und schlafen, sich mit anderen Ausländern vernetzen und dabei aber eigentlich in so einer Blase leben und die überhaupt nicht richtig vor Ort sind, sondern sich den Ort einfach nur zunutze machen. Und dann kommt im Endeffekt auch nicht viel in dem Land an, wo wir dann arbeiten, da hinzu aber keine Steuern bezahlen, keine anderen Abgaben leisten. Und ich glaube, dass wir da einfach auch in der Verantwortung sind, zu sagen, wir nutzen halt diese Vorteile aus, was auch so schön als Geo-Arbitrage bekannt ist. Wir haben die Möglichkeit, diese Vorteile auszunutzen, dass wir dann auch, dass das keine Einbahnstraßen sind, sondern, dass wir dann auch in der Pflicht sind, einfach auch was zurückzugeben. Uns mit dem Land, der Sprache, der Kultur zu beschäftigen. Auch die, wenn es möglich ist, die Einwohner vor Ort finanziell zu unterstützen, um einfach diese, ja, diese Lücke ein bisschen mehr zu schließen.

I: Denkst du denn, dass Digitale Nomaden auch einen Beitrag- Ich meine das Ganze funktioniert ja bisher immer nur one-way, ne? Der weiße Westler geht in- Ja, fliegt nach Thailand. Aber können denn Digitale Nomaden einen Beitrag leisten, dass zum Beispiel ein Thailänder über kurz oder lang auch vielleicht die Möglichkeit hat, zu uns zu fahren?

B2: Absolut, ja. Ich glaube, das Einfachste ist am Anfang- Also Spenden ist immer ein guter Einstieg, aber dann vor allem so Wissenstransfer, ne? Den Thailändern zum Beispiel zu zeigen, was sie auch mit einem Laptop machen können. Und was, dass so gefühlt vom Marketing und generell vom ganzen Internet her sind die meisten asiatischen Länder einfach noch so zehn Jahre hinter und ich glaube, wenn man da für Wissenstransfer sorgt, haben die wieder wahnsinnig gute Möglichkeiten. Und ja, wir haben auch schon oft über Konzepte nachgedacht mit Bekannten zusammen. Wir machen einfach mal einen Austausch, wir gehen jetzt mal mit fünf Deutschen oder Westlern nach Thailand, arbeiten dort mit fünf Thailändern zusammen und ein halbes Jahr später kommen die nach Deutschland, was sich aber einfach wahnsinnig schwierig gestaltet, weil man im Endeffekt für die Leute bürgen muss, man muss nachweisen können, dass man selber einen bestimmten Geldbetrag auf dem Konto hat oder der Ausländer. Man ist dann quasi in der Haftung für einen Thailänder, der anders kein Visum bekommen könnte. Eine andere gute Möglichkeit – und da ist Thailand auch immer so einer der Vorreiter, weil es dort einfach viele Digitale Nomaden gibt – wäre- Also ein großes Thema ist immer Besteuerung, ne? Weil wir sind da mit einem Touristenvisum, dürften dort eigentlich theoretisch gar nicht arbeiten und bezahlen natürlich auch keine Steuern. Ja, diese Besteuerung ist einfach schwierig, wenn man die ganze Zeit vom Laptop aus arbeitet, aber zu sagen: ,Ihr bekommt hier ein Arbeitsvisum für ein halbes Jahr oder für ein Jahr, müsst euch nicht dauernd darum kümmern, wie ihr euer nächstes Touristenvisum bekommt und dafür bezahlt ihr einfach einen höheren Preis, ihr zahlt zum Beispiel 2.000 Euro für ein Jahresvisum und damit sind eure Steuern abgegolten.' Ich glaube, das würde auch schon- Ja, wäre eine sehr, sehr gute Lösung.

I: Ja, sehr schön. Ja, das war es auch schon, also vielen Dank.

Anhang 4 – Transkription zum Interview mit Timo ECKHARDT

Interview Nummer 3: Timo ECKHARDT
Datum: 21. Juni 2017
Uhrzeit: 15.35 Uhr
Dauer: circa 23 Minuten
Interview: Antonia Scholz
Transkription: Antonia Scholz

I: Kannst du mir bitte ein bisschen was über dich erzählen? Wer bist du und was machst du?

B3: Ich bin Timo Eckhardt, bin Host des ‚Digitalen Nomaden Podcast‘, habe den zusammen mit meinem Kumpel Sascha Boampong letztes Jahr, ich glaube 2016 am 28. April, gestartet und habe seitdem, ja, über 100 Interviews mit Menschen geführt, die ortsunabhängig arbeiten. Und- Möchtest du auch so richtig was über meine Person, also über die Vergangenheit und so wissen?

I: Bitte.

B3: Wie bitte?

I: Ja, sehr gerne.

B3: Alles klar. Dann fange ich mal so an: Ich habe mich irgendwann in der Schule interessiert für das Thema Kommunikation und das hat sich dann durch meinen Lebenslauf so durchgezogen. Ich habe angefangen so mit so einer Mediationsausbildung, bin dann nach der Schule in einem Unternehmen gelandet, was so Coachings und Seminare macht, so Team- und Führungskräftetrainings, habe dann auch noch eine Coaching-Ausbildung gemacht und mich super für diesen Teil interessiert. Habe auch Soziologie und BWL studiert und ja. Irgendwann war ich nach der Schule noch einmal im Ausland, in Neuseeland, und hatte da eine richtig geile Zeit. Und bin dann zurückgekommen und habe mich gefragt: ‚Hey, das Leben kann so schön sein. Warum muss ich jetzt so diesen gewohnten Weg gehen?‘, dass ich irgendwie studiere, einen Job annehme, ein Angestelltenverhältnis und dann irgendwie, dieses klassische Nine-to-five Leben wird ja auch immer genannt, das lebe. Und ich wollte einfach mehr vom Leben und deswegen wollte ich mich irgendwann selbstständig machen, hatte aber nie so richtig den Mut und dachte mir immer: ‚Ah wenn ich das mache, dann musst du perfekt starten und alles muss von Anfang an super sein.‘ Und das hat mich immer so ein bisschen aufgehalten, dieser Perfektionismus. Und irgendwann, also ich war halt Seminarjunkie, bin so von einem Seminar ins andere und habe mich halt wie gesagt für diese Kommunikationsthemen interessiert, war ich auf einem Seminar für Persönlichkeitsentwicklung. Das war ‚NLP‘. NLP heißt ‚Neurolinguistisches Programmieren‘; das ist eigentlich die Kommunikation nach außen, also: Wie kommuniziere ich mit Anderen? Aber auch: Wie kommuniziere ich mit mir selbst? Und das ist halt eine Methodensammlung mit Strategien, ne? Also ‚aktives Zuhören‘ kennt man jetzt. Das ist jetzt mal so eine einfache Strategie, um das zu nennen. Damit man sich zum Beispiel anderen Leuten sympathischer macht. Genau. Und da habe ich mich auch mit dem Bewusstsein und Unterbewusstsein beschäftigt und ich habe meinen Kumpel kennengelernt, Sascha, auf diesem Seminar. Das war 2015 und wir haben, nachdem wir uns unterhalten haben, gemerkt, dass wir irgendwie dieselben Interessen haben; wir interessieren uns beide für dieses Kommunikationsthema, für das Bewusstsein, Unterbewusstsein. Viele Menschen verstehen auch, glaube ich, dieses Eisbergmodell nicht, es gibt ja dieses- Den sichtbaren Teil, ober- überhalb der Wasseroberfläche, wo man- Wo da quasi das Bewusstsein ist, was einem wirklich klar ist. Und dann aber diesen viel größeren Teil, das Unterbewusstsein, also Werte, Glaubenssätze, die uns Menschen alle täglich beeinflussen, die wir aber nicht direkt wahrnehmen oder vielleicht noch nicht mal kennen. Außer man beschäftigt sich vielleicht intensiv damit. Und genau, wir haben halt gesagt: ‚Ey, lass doch mal dieses Wissen nach draußen bringen‘ und haben gesagt: ‚Ey, wir starten jetzt einen YouTube-Channel und werden YouTube-Stars und können dann von überall auf der Welt arbeiten.‘ Und letztendlich haben wir es nicht geschafft, weil wir ganz viel falsch gemacht haben in dieser Welt, in dieser Social-Media-Welt noch gar nicht diese Dos and Don‘ts irgendwie kannten. Und ja, nachdem wir da gescheitert sind, haben wir uns überlegt: ‚Hey, wir müssen die Message aber irgendwie trotzdem nach draußen bringen‘ und unsere Message war so: ‚Du kannst dir halt das Leben kreieren, was du dir wünschst, und das schaffst du halt, indem du mit dir selbst gut kommunizierst, aber auch nach außen gut kommunizierst, so erschaffst du dir quasi die eigene Realität.' Und dann haben wir irgendwann gesagt: ,Hey lass doch einen Podcast starten.' Und dann haben wir einen Podcast gestartet und, wie ich schon gesagt- Irgendwie letztes Jahr war das und auf einmal ging das so durch die Decke. Wir sind das sehr strategisch angegangen, haben diesmal geguckt, welche Fehler hatten wir denn beim letzten Projekt, haben dann geschaut, wie können wir das diesmal vermeiden, haben diese ganzen Strategien umgesetzt, haben uns Ziele gesetzt, so smarte Ziele. Also auch gesagt: ,Hey, in drei Monaten wollen wir 10.000 Downloads haben.' Nach drei Monaten hatten wir dann, glaube ich, 40.000 Downloads und dann ist das immer so weitergegangen und jetzt wurden wir gerade für den besten Podcast des Jahres nominiert, haben jetzt eine Million Downloads, glaube ich, in einem Jahr erreicht und das ganze Ding ist ganz gut erfolgreich geworden. Und das ist so quasi meine Geschichte in kurz; ich könnte jetzt noch weiter ausholen, aber ich glaube, das reicht erstmal, ne?

I: Das ist super so. Bist du denn, also A) Wie ist dein aktueller Status jetzt, also lebst du nur davon, also von deinen Einnahmen als Digitaler Nomade und B) Bist du damals auch mit der Intention rein, ortsunabhängig arbeiten zu wollen? Also war das so dein Hauptantreiber oder wie war das?

B3: Also mein Hauptantreiber ist eigentlich Freiheit. Also, wenn man jetzt so den Wert rauskreieren muss. Und ich will da nicht sagen, dass Ortsunabhängigkeit das ultimative Gut ist sozusagen, sondern eher Freiheit und ortsunabhängiges- Ortsunabhängigkeit ist ein Teil davon. Und Sascha und ich sind dabei, das uns gerade aufzubauen, er ist noch quasi selbst halbtags oder hat eine halbe Stelle. Ist also halber Digitaler Nomade, ich genauso. Ich mache Coachings, mache aber teilweise noch Promotionjobs, die dann ortsgebunden sind. Aber das Coaching, das kann ich zum Beispiel per Skype machen und das ist dann ortsunabhängig, beziehungsweise wir verkaufen auch digitale Infoprodukte, machen Werbung auf unserem Podcast, das funktioniert dann wie Radiowerbung, da nehmen wir halt Geld von den

Sponsoren und verdienen über Affiliate-Marketing, also das Bewerben von Produkten, auch noch Geld. Das ist so- Sind so unsere Einnahmequellen.

I: Okay, und du bist jetzt aber noch offiziell quasi Student?
B3: Ich bin offiziell Student, weil als Student hat man sehr viele Vorteile, gerade wenn man sich selbstständig macht. Was Krankenversicherung angeht und zum Beispiel ein Semesterticket, weil ich hauptsächlich in Hamburg unterwegs bin, wenn ich nicht gerade irgendwie in der Welt unterwegs sein sollte. Und das hat dann finanzielle Vorteile, das heißt, ich habe meine Kosten sehr minimiert und das auch dank des Studentenstatus. Und genau, das ist mein aktueller Status quasi. Aber ich bin eigentlich fertig, muss nur noch meine Abschlussarbeit schreiben.

I: Aha, okay, das wäre jetzt noch meine Anschlussfrage- Und verrätst du mir noch, wie alt du jetzt aktuell bist?
B3: 26.

I: 26. Okay. Gut, dann haben wir diesen Themenblock abgearbeitet ((lacht)). Könntest du mir bitte in deinen eigenen Worten erklären, was Digitaler Nomadismus ist und ob du dich auch als Digitaler Nomade siehst?
B3: Ja, das ist sehr- Also ich weiß nicht, ob es da die Definition gibt. Für mich ist Digitales Nomadentum allein die Ortsunabhängigkeit. Eigentlich, wenn man die Wörter mal so auseinandernimmt, ist ja ‚Digital‘ also so digitale Medien nutzen, das Internet nutzen und ‚Nomade‘ ist ja eigentlich jemand, der herumzieht. Das heißt, ‚Digitale Nomaden‘ vom Wortstamm her sind wahrscheinlich eher Menschen, die herumziehen. In unserem Podcast sehen wir das aber nicht so dogmatisch, weil wir halt, ja, das nur als Marketingbegriff nutzen, weil so dieses Klischee ist, ist der Digitalen Nomaden, äh, Digitaler Nomade ist so derjenige, der irgendwie mit einem Cocktail irgendwie auf Bali in der Hängematte schlürfend seinen Cocktail trinkt und irgendwie nebenbei am MacBook ein bisschen was macht und diesem Klischeebild haben wir uns einfach bedient. Von daher, für mich ist eigentlich ein Digitaler Nomade jemand, dem der Wert Freiheit sehr wichtig ist, der

möglichst ortsunabhängig unterwegs ist und reisen kann, aber nicht permanent reisen muss. Also ich merke auch in dieser Szene, dass viele, die viel gereist sind, irgendwann sich so wieder settlen und wieder so eine Homebase haben oder zumindest mehrere Homebases, also so ein multilokales Leben führen. Deswegen, ich möchte gar nicht so dogmatisch irgendwie eine Definition raushauen, für mich ist es einfach ein Mensch, der ortsunabhängig lebt und überall auf der Welt arbeiten kann, es aber nicht zwangsläufig tut.

I: Und siehst du dich als Digitaler Nomade?
B3: Halber. Weil ich ja noch so halb ortsgebunden bin, aber ja. Ich bin halbtags Digitaler Nomade ((lacht)), weiß ich nicht genau.

I: Okay, cool. Würdest du denn sagen, von den Gesprächen, die du auch bisher geführt hast, und von deinen Erfahrungen innerhalb der Szene, dass Digitale Nomaden gemeinsame Ziele haben? Also irgendwas, worauf alle irgendwie gemeinsam hinarbeiten, was allen wichtig ist, sowas in die Richtung?
B3: Ja. Also die Szene wird in Deutschland ganz stark geprägt durch die DNX-Bewegung. Und die ist von Markus Meurer und Feli Hargarten gegründet und die haben zum Beispiel auch einen Eröffnungstalk auf der DNX gehalten, wo sie so ein paar, sage ich, gemeinsame Werte herausstellen. Und das sind- Ist halt dieses Hinterfragen von der aktuellen gesellschaftlichen Norm zum Beispiel, ist das Arbeitsmodell oder das -konzept, wie wir es leben, ist das noch das, was angebracht ist? Also müssen wir irgendwie in Büros gehen und ja, neun Stunden da sitzen, obwohl wir vielleicht schon nach sieben Stunden schon fertig sind und irgendwie abhauen könnten? Also dieses, ja, sehr, sehr starre Konzept. Auch das Schulkonzept zum Beispiel, also wie funktioniert Schule? Schule wurde damals irgendwie entwickelt, um Fabrikarbeiter auszubilden, heute brauchen wir halt irgendwie neue Arten von Arbeitern und da ist das aktuelle Schulkonzept vielleicht auch nicht mehr das richtige. Das heißt, sehr viel hinterfragen. Man könnte es jetzt verbinden mit dieser Generation Y, die auch sehr viel hinterfragt, die einen großen Drang nach Freiheit hat und nach einem persönlichen Wert auch in der Arbeit, also, dass man selbst in der Arbeit versucht, sich zu ver-

wirklichen. Also die Leidenschaft zum Beruf macht sozusagen. Das war vor einigen Jahren nicht möglich, heute ist es durch, ja, verschiedenste Lebenskonzepte halt möglich geworden und das sind halt, ja, dann würde ich sagen Menschen, die, ja- Also die gleichen Werte sind wirklich dieses Hinterfragen und alles so ein bisschen, ja, auch mal zu kritisieren und zum Beispiel wird auch ein Ernährungsstil geprägt; ganz viele in der Szene sind Veganer; ich bin es jetzt nicht, oder noch nicht, vielleicht werde ich es. Aber das ist zum Beispiel auch sowas, ne? Massentierhaltung, was man hinterfragt. Und diese ganzen Thematiken werden, glaube ich, so ein bisschen aufgerollt so.

I: Sehr schön. Okay, jetzt habe ich eine neue Frage: Wenn du deiner Fantasie freien Lauf lassen könntest: Wie sieht eine Welt aus, in der ausschließlich Digitale Nomaden leben?

B3: Ich habe ja eben schon davon gesprochen, dass die Arbeitswelt sich krass weiterentwickeln wird. Es gibt da eine Studie von der Oxford University zur Zukunft der Arbeit, wo davon ausgegangen wird, dass 2030, ich glaube, knapp 50 % in den USA arbeitslos werden, in Deutschland sind die Zahlen ähnlich. Und das heißt, ganz viele Berufe werden wegfallen, das heißt, gerade stationäre Berufe werden von Maschinen übernommen. Teilweise sogar Dienstleistungsberufe werden durch orts- und so teilweise künstliche Intelligenz, auch wenn das noch nicht ganz so weit ist, übernommen werden. Das heißt, viele Jobs werden einfach wegfallen. Ich glaube, dass- Ich weiß gar nicht, ob es eine Welt voller Digitaler Nomaden geben wird, muss. Ich glaube, dass die gesamte Arbeitswelt sich nur entwickeln wird und es wird- Der Teil an Digitalen Nomaden wird größer werden, es werden viel mehr werden, es wird normal werden, dass man von überall aus arbeiten kann, weil man seinen Laptop dabei hat und die Internetverbindung wird in ein paar Jahren noch besser überall auf der Welt sein. Teilweise gibt es ja schon Länder, die weiter sind als wir hier in Deutschland. Von daher- Ich glaube, ich weiß nicht, ob ich mir diese Welt voll von Digitalen Nomaden vorstellen kann, ich glaube nur, dass die komplette Arbeitswelt sich verändern wird. Und ich glaube, dass auch viele Menschen keinen Job haben werden und ich glaube, dieses Problem muss auch gelöst werden. Ich glaube zum Beispiel, dass es das in unserem Leben noch das Grundeinkommen geben wird, also es wird meiner Meinung nach kommen. Weil man, ja, schauen muss, wie kann man diese ganze Menschen, die dann keinen Job haben, sozusagen durchbringen? Und ich glaube, dass dieser ganze Wert, den wir in Arbeit stecken, sich auch verändern muss, ne? Wenn man heute jemanden fragt: ‚Hey was machst du?‘, dann ist irgendwie klar, dass man den Job meint. Ich glaube, dass in Zukunft nicht mehr diese- Ah, wie kann ich das am besten ausdrücken? Also Leute werden immer noch eine Tätigkeit haben und einen Job, aber sie werden nicht mehr dafür bezahlt werden. Vielleicht wird es dieses Grundeinkommen geben, jeder hat Geld, aber die Menschen machen vielleicht trotzdem noch- Sind Trainer in einem Verein und machen das, was ihnen Spaß macht und verdienen dafür vielleicht kein Geld, aber sie haben immer noch eine Aufgabe. Und ich glaube, dieses, dass man sich seine Identifikation oder seine Identität von dem Job abhängig macht, das wird sich so ein bisschen verändern. Deswegen, ich habe deine Frage so ein bisschen ausweichend beantwortet, aber ich hoffe, das ist trotzdem so- ((lacht)) Du kannst hoffentlich damit was anfangen.

I: Alles gut. Denkst du denn, jetzt mal einfach mal so angenommen, wir hätten alle ein Bedingungsloses Grundeinkommen, dann könnten wir ja alle- Wären wir ja irgendwie mehr oder minder ortsabhängig, ähm, ortsunabhängig und selbstbestimmt. Denkst du denn, das würde so einen Reiseboom vielleicht auslösen?

B3: Ja und nein. Also ich habe ja schon gesagt, dass ich gemerkt habe, dass viele, die das ganze Leben jetzt gereist sind oder viele Jahre jetzt in Folge gereist sind, dass die wieder zurück zu so einer Base kommen oder auf den Reisen halt so eine neue Base finden. Ich glaube, der Mensch an sich ist halt so ein Gewohnheitsstier und braucht irgendwann so Routine und vielleicht auch eine Umgebung, die er kennt. Ich glaube, es gibt so eine bestimmte Lebensphase, in der Menschen das gerne machen, vielleicht gerade Leute, die irgendwie die Schule fertig haben oder in so einer Midlife-Crisis stecken oder in dieser- Oder in einer Quarterlife-Crisis. Ich glaube es gibt immer bestimmte Lebensphasen. Ich glaube nicht, dass wir Menschen komplett zu herumwandernden Leuten werden. Aber was kommen wird, ist auch natürlich, dass da Geschäftsmodelle drumrum entwickelt wird. Also zum Beispiel bezahlt man dann eine Miete, aber du kannst dann halt in verschiedenen Locations auf der Welt leben, ne? Momentan gibt es sowas wie Airbnb, aber das wird halt wirklich so sein, dass du eine monatliche Miete zahlst und dafür kannst du halt dann an bestimmten Destinationen auf der Welt leben. Deswegen, ich glaube, es wird mehr gereist werden, aber es wird nicht so sein, dass alle Menschen auf der Welt ständig unterwegs sind.

I: Okay. Cool. Genau, jetzt, wenn du so in der Szene unterwegs bist und auch, keine Ahnung, Coachings gibst und so weiter, hörst du auch immer mal kritische Stimmen zum Thema Digitaler Nomadismus? Und wenn ja, was wird am häufigsten kritisiert und wie schätzt du diese Kritik ein? B3: So der Teil an Digitalen Nomaden, der bekannt ist und nach außen tritt, der- Und die Szene prägt, die verdienen oft also an Produkten, wo sie anderen Leuten zeigen, wie man quasi so wird, wie sie sind. Das heißt so eine, so eine, wie kann man sagen? Also die verdienen damit Geld, dass sie anderen zeigen, wie man Digitaler Nomade wird. Das ist so der Hauptteil und die Hauptkritik die kommt. Ich glaube, dass aber der Fokus halt einfach nur die selektive Wahrnehmung auf die Leute liegt, ich glaube, dass es halt schon viel, viel mehr Digitale Nomaden gibt, die einfach irgendwie Programmierer sind oder Designer und schon in der Welt unterwegs sind. Die verdienen natürlich nicht mit anderen Digitalen Nomaden. Aber das ist so eine Kritik, die ich gerade auf der vorletzten DNX auch oft gehört habe. Und, dass viele denken, sie starten irgendwie einen Reiseblog und werden damit reich und können damit ein Business machen. Das ist auch so ein Irrglaube, gerade von Anfängern in der Szene, die denken: ‚Ich mache einfach einen Blog und kann dann irgendwie um die Welt reisen und verdiene dann mit ein bisschen Affiliate-Einnahmen mein Geld.‘ Das ist vielleicht auch noch so eine Kritik.

I: Du hattest ja vorhin schon angesprochen, dass es vielen- Als ich dich nach den gemeinsamen Zielen gefragt habe, hast du ja so gesagt, viele hinterfragen die Gesellschaft und haben zum Beispiel auch einen veganen Ernährungsstil, den sie eben mit einer Nachhaltigkeit auch begrün-

den. Hast du denn schon einmal- Also weißt du, wie so generell in der Szene auf so Kritik reagiert wird, zum Beispiel, dass Digitaler Nomadismus schlecht für die Umwelt zum Beispiel ist?

B3: Ja, da gibt es natürlich so dann Alternativkonzepte, dass du sagst: ‚Ich kann meinen CO2-Ausstoß kompensieren.' Da gibt- Also Airlines bieten das ja an, dass man wenigstens sowas macht. Ja, genau, also das ist, glaube ich, dann so der Versuch, seinen CO2-Ausstoß zu kompensieren, ist da, glaube ich, da- Aber auch nicht bei allen natürlich, ne?

I: Würdest du denn sagen, dass innerhalb der Szene da so ein Bewusstsein für nicht-nachhaltige Aspekte des Lebensstils da ist? Oder fehlt das?

B3: Ah, ich glaube, der ist schon da. Aber das, also- Das kann ich- Also das kann ich jetzt nicht- Da habe ich zu- Also, die Frage habe ich zum Beispiel zu wenig Leuten gestellt, das wäre-

I: Okay, alles gut. Ich lese mir gerade nur mal die nächste Frage durch, die haben wir nur schon so halb beantwortet ((Pause)). Na, nein, das haben wir eigentlich schon, wir sind schon durch. Ich habe am Ende nur noch die Frage, ob du noch was sagen möchtest oder dir noch was wichtig ist ((lacht))?

B3: Ja. Ich glaube, dass dieser Digitale Nomadenlifestyle halt so ein Privileg ist gerade von- Aus unserer westlichen Welt oder wir hier in Deutschland, die sagen können: ‚Ey, wenn wir mal arbeitslos sind, dann ist das nicht so wild, ich kann mich jetzt einfach mal ausprobieren.' Das muss man sich klar machen, das ist halt nur ein kleiner Teil auf der Welt irgendwie- Also hat dieses Privileg. Und ich glaube auch, wenn man jetzt mal sich so die Bedürfnispyramide nach Maslow oder so anschaut, sind Menschen, die sich mit dem Digitalen Nomadentum beschäftigen, häufig in den Bedürfnis- Also auf der Bedürfnispyramide sehr weit oben, also dieser Selbstverwirklichungsteil kommt dabei raus. Ich glaube, in der Regel kommen Menschen eher aus so, wenn man sich die Sozialstruktur anschaut, eher aus gut gesitteten oder mittelständigen Familien und nicht jetzt aus den sozialen Brennpunkten oder so. Das sind, glaube ich, noch so Dinge, die ich hinzufügen könnte.

I: Denkst du denn oder siehst du Chancen für derzeitige Digitale Nomaden, die eher aus so einer höheren gesellschaftlichen Schicht oder auch mit einem guten Bildungshintergrund ausgestattet sind, Chancen gibt, andere Nationalitäten meinetwegen auch oder soziale Schichten da mit reinzuholen ins Boot?

B3: Absolut. Dadurch, dass das Internet irgendwie dafür sorgt, dass Informationen überall zugänglich sind, werden, glaube ich, auch in gerade auch ärmeren Regionen Leute irgendwann diesen Lifestyle mitkriegen und den dann umsetzen. Und ich kenne auch viele, die versuchen, in solchen Regionen, dass Digitale Nomaden dieses Leben oder diesen Lifestyle schon einmal näherzubringen, welche, die in Schulen gehen. Unter anderem ja auch Bastian Barami war auch schon in Schulen unterwegs, hat so ein bisschen gezeigt, wie er sein Geld im Internet verdient, mit Amazon FBA. Dann kenne ich noch den Karim, ich weiß gar nicht wie er mit Nachnamen heißt, der ist, ich glaube, auch in Marokko unterwegs. Und ja, also, genau.

I: Okay, da gibt es auf jeden Fall schon Initiativen. Cool. Okay, ja, dann war es das auch schon ((lacht)).
B3: Perfekt.

I: Super, vielen, vielen Dank.

Anhang 5 – Ergebnisse der Extraktion (Fs = Fundstelle)

Auswertungskategorie 1: Individuelle Ebene					
Nr.	Art	Thema	Fs	Zitat	Hinweise
1.	Chance	Karriere	B1	"Und, ja, seitdem habe ich dann halt immer mehr Aufmerksamkeit mit dem Blog bekommen und bin viel in Medien gewesen, Fernsehen, Radio, Podcasts, Zeitungen und so weiter. Und bin jetzt halt den Sommer wieder in Deutschland, um halt diese Workshops zu veranstalten, wo ich übers Wochenende den Leuten halt beibringe, wie das funktioniert, was ich mache."	
2.	Chance	Gefühlswelt	B1	"Und, ja, das macht mir sehr viel Spaß"	
3.	Chance	Selbstbe-stimmung	B1	"Nee, das war defintiv die Intention zu reisen."	
4.	Chance	Selbstbe-stimmung	B1	"ich habe ja Hotelfachmann gelernt, also ich habe zweimal die Uni abgebrochen. Ich habe zweimal Lehramt studiert, habe in der Zwischenzeit, zwischen diesen zwei Studiengängen Hotelfachmann gelernt, weil ich eigentlich nur Irgendwas machen wollte, womit ich international arbeiten kann. Damals wusste ich einfach gar nicht, dass es diese Möglichkeit des Reisens und Arbeitens gleichzeitig gibt. Das klingt ja für Leute, die von Nomadentum noch nie gehört haben, wie Utopie. Und das war für mich halt genauso und als ich dann einfach unglücklich so mit meinem hinteren- Also mit dem Job sowieso, dann bin ich halt nochmal studieren gegangen, weil ich dachte: 'Wenn du irgendwas aus deinem Leben machen willst, dann musst du halt nochmal studieren gehen' ((lacht)) und dann dachte ich zumindest:'Okay als Lehrer hast du viel Ferien, dann kannst du so zumindest viel reisen'. Und dann habe ich aber schnell gemerkt so, dass das überhaupt nicht dem entspricht, was ich machen möchte."	
5.	Chance	Selbstbe-stimmung	B1	"aber dennoch ist es so, dass ich mir selber aussuchen kann, wann ich vor welcher Klasse stehe."	
6.	Chance	Selbstbe-stimmung	B1	"Und nach zehn Monaten war ich da echt hochgradig depressiv ((lacht)). Und da musste halt irgendwie nochmal was Anderes her."	
7.	Chance	Selbstbe-stimmung	B1	"Und dann sprach er noch von dem Begriff ‚Geo-Arbitrage'. Und Geo-Arbitrage bezeichnet halt, dass man in einer starken Währung, wie jetzt Euro beispielsweise, sein Geld verdient und aber in einer schwächeren Währung, jetzt zum Beispiel in thailändischen Baht, sein Geld ausgibt und so eine Art relatives Einkom-men hat wo man dann plötzlich viel, viel mehr von seinem Geld hat. Weil wenn ich jetzt irgendwie 5000 Dollar in Manhattan verdiene, dann lebe ich am Existenzminium, aber wenn ich 5000 Dollar nach Thailand nehme, dann lebe ich da, ja, königlich."	Doppelt ver-merkt: Kollek-tive Ebene → Nummer 6 → Risiko → Globa-le Gerechtigkeit

Auswertungskategorie 1: Individuelle Ebene					
Nr.	Art	Thema	Fs	Zitat	Hinweise
8.	Chance	Selbstbe-stimmung	B1	"dass man plötzlich eine viel, viel höhere Lebensqualität hat, einfach dadurch, dass man seinen Aufenthaltsort verlagern kann, wenn man eben übers Internet arbeitet."	
9.	Chance	Selbstbe-stimmung	B1	"weil ich halt nur ein etwas besserer Kellner war als Hotelfachmann und nichts konnte und nichts Digitales wusste, äh, konnte, bin ich dann auf einer Onlinekursplattform gelandet, die heißt udemy, u d e m y dot com, und da gibt es halt Onlinekurse zu allem Möglichen. Zu Public Speaking, zu App Development, zu keine Ahnung, Klavierspielen lernen, zu haufenweise Sachen auch die man online machen kann, Design, Programmieren, all sowas. Und ich habe dann da, weil die einmal im Monat so irgendwie so eine Promotion haben wo jeder Kurs dann so zehn bis zwanzig Dollar kostet, statt ein paar Hundert was dann der normale Preis ist, habe ich dann halt immer, wenn diese Promotion war irgendwie Großeinkauf gemacht ((lacht)) und hatte dann so fast dreißig Kurse zu verschiedensten Themen, weil ja für mich alles neu war."	
10.	Chance	Karriere	B1	"Da war ich dann halt der Erste im deutschsprachigen Raum, der öffentlich darüber geschrieben hat und das hat dann halt eine ziemliche Welle ausgelöst. Und deshalb war ich dann halt am Anfang in extrem vielen Podcast und sonst was alles."	
11.	Risiko	Karriere	B1	",Okay, ich mach jetzt einfach mal meinen Reiseblog, dann mach ich ein bisschen Affiliate-Marketing und dann kann ich von 500 Euro in Chiang Mai, Thailand leben', ne? Und das ist halt so der falsche Ansatz, weil das hinterher so eine Abwärtsspirale aus der man schlecht wieder rauskommt."	
12.	Chance	Selbstbe-stimmung	B1	"Und deswegen ist eben einfach, dass man nicht viel mehr können muss zu Beginn als wie wenn ich jetzt Facebook benutze. Weil es halt Onlinekurse zu allem Möglichen gibt und man sich in alles einarbeiten kann, ne? Das ist halt nicht so, als ob ich jetzt Medizin studieren müsste, oder Astronaut werden möchte. Das sind vielleicht so ein paar Sachen, wofür man noch studieren muss. Aber wenn man jetzt halt ein selbstbestimmteres Leben angehen möchte, dann ist Studieren halt so eigentlich das Verkehrteste was man machen möchte, weil es gibt einfach keine Studiengänge, die auf was Anderes abzielen als auf ein Angestelltenverhältnis."	

Auswertungskategorie 1: Individuelle Ebene

Nr.	Art	Thema	Fs	Zitat	Hinweise
13.	Risiko	Karriere	B1	"Es wird häufig kritisiert, dass- Also zum einen wird kritisiert, dass viele Nomaden, ja irgendwie wie moderne Hippies wären und alle ja kein Geld verdienen. Und ich bin der Meinung, dass das natürlich, ja, es gibt definitiv viele Leute die jetzt erstmal nur das Reisen in den Vordergrund stellen und nicht so wirklich daran denken, dass sie ein lukratives Business aufbauen oder so. Und ich persönlich mag den Mittelweg, also ich bin jetzt auch nicht so der Hardcore-Unternehmer oder sowas, da habe ich einfach- Ich will einfach, wenn ich schon reise, dann will ich auch was von den Orten sehen und nicht die ganze Zeit nur am Laptop sitzen natürlich. Aber ist schon wahr, dass auf jeden Fall viele Leute dabei sind, die naiv ins Nomadentum starten und dann irgendwann nach einem Jahr oder so zurückkommen, Erspartes ausgegangen und dann denken, ‚Okay, ja, das war jetzt nichts für mich'. Erstens das, also Leute die kein Geld verdienen."	
14.	Chance	Karriere	B1	"Ist natürlich jetzt nicht zu pauschalisieren, es gibt auch andere Leute, die unglaublich erfolgreich sind. Also ich kenne Millionäre, die als Nomaden unterwegs sind."	
15.	Chance	Selbstbe-stimmung	B1	"Deshalb der Vorteil ist, dass du reisen kannst um herauszufinden, wo finde ich es denn am Coolsten um mich dann hinterher nieder zu lassen, wenn es mal soweit ist."	
16.	Risiko	Gefühlswelt	B1	"die meisten Nomaden sind relativ jung und ungebunden und so und viele erzählen dann halt so, ‚Ja ich habe mich erstmal von meinem Partner nach, keine Ahnung, acht Jahren oder sowas und lebe jetzt hier meinen Traum und so'. Und das Problem ist natürlich, dass viele die dann halt andere Nomaden daten, dass das dann vielleicht so die Reisepläne- Das man nicht auf einen Nenner kommt. Also es gibt extrem viele Nomadensingles, ne? Und ich denke einfach, dass wenn man jetzt irgendwie zu Hause alle Zelte abgebrochen hat um eine gewisse Freiheit zu erlangen, dass sich dann Leute einfach grundsätzlich schwerer tun wieder ein bisschen davon abzugeben, in dem man jetzt in eine Partnerschaft geht."	
17.	Chance	Selbstbe-stimmung	B2	"Und habe nebenbei auch verschiedene Festanstellungen gehabt und Nebenjobs und habe irgendwann gemerkt, dass mir diese Bürolandschaft- Also ich habe mich eigentlich nie so richtig wohl gefühlt und habe es dann, mit Ende zwanzig, mit der Selbstständigkeit probiert."	
18.	Chance	Karriere	B2	"hab das ausgebaut zu einer Agentur, also habe dann quasi selber die Arbeit weiter ausgelagert. Nicht mehr selbst erbracht. Habe nebenbei einfach verschiedene Sachen im Internet ausprobiert mit denen man Geld verdienen kann. Und was hängen geblieben ist, ist mein Blog, oder ist eher eine Plattform, die sich ‚Wireless life' nennt und sich an Digitale Nomaden und Online-Unternehmer richtet. (Unv.) diese Plattform gibt es jetzt mittlerweile alle möglichen Angebote, mit denen ich auch den Großteil meines Einkommens verdiene."	

Auswertungskategorie 1: Individuelle Ebene

Nr.	Art	Thema	Fs	Zitat	Hinweise
19.	Chance	Selbstbe-stimmung	B2	"Ich habe für mich gemerkt, zu dem Zeitpunkt als ich mich nicht mehr wohl gefühlt habe in den typischen Corporate Jobs, dass mir die Selbstständigkeit, die für mich früher nie eine Option war, so viele Möglich-keiten geboten hat und vor allem diese digitale Selbstständigkeit die mich nicht an einen Ort gebunden hat."	
20.	Chance	Selbstbe-stimmung	B2	"Hatte auch wenige Freunde, (unv.) die selbstständig waren, ich glaube deshalb hat es bei mir auch so lange gedauert, bis ich mich zu dem Schritt entschieden habe. Das war eher aus so einer Unzufriedenheit heraus, also es war nicht so ein 'hin zu' sondern eher so ein 'weg von.'"	
21.	Chance	Selbstbe-stimmung	B2	"Und was ich dann mit dieser Freiheit, also mit der örtlichen und auch zeitlichen Freiheit mache, das ist ganz mir allein überlassen, ne? Ich glaube manche Menschen nutzen das um wirklich 365 Tage im Jahr zu reisen, andere nutzen das um ihr neu geborenes Kind aufwachsen zu sehen, von zu Hause aus arbeiten zu können. Also ganz unterschiedliche Arten und Weisen."	
22.	Chance	Selbstbe-stimmung	B2	"also auch entscheiden können, woran arbeite ich und womit verdiene ich mein Geld "	
23.	Chance	Selbstbe-stimmung	B2	"und auch das große Interesse daran etwas zu schaffen, was wirklich nachhaltig ist und Mehrwert bietet und ja eben nicht acht Stunden am Tag für jemanden anders zu arbeiten für eine Sache hinter der man nicht komplett steht, sondern ja wirklich selbst etwas zu schaffen, auf das man stolz sein kann."	
24.	Risiko	Gefühlswelt	B2	"Was ich gelernt habe, jetzt gerade in den Zeiten wo ich auch relativ viel gereist habe, ist, dass mir ein Bezugspunkt total wichtig ist, also ein zu Hause. Dass es vor allem kommt es mir dann auf die Menschen drauf an, gar nicht so sehr auf den Ort. Aber einfach so ein, auch dieses Gefühl der Sicherheit einfach zu haben, dass man dort angekommen ist, dass man dort auspacken kann, dass man die Infrastruktur dort kennt, dass man sich dort wohl fühlt."	
25.	Chance	Selbstbe-stimmung	B2	"also das Wetter, das ist mir verdammt wichtig, ich fühle mich einfach nicht so sehr wohl hier im deutschen Winter. Also es ist schön wenn es ein Ort ist, wo es das ganze Jahr über einfach eine gute Temperaturen hat."	
26.	Chance	Gefühlswelt	B2	"Dann ist natürlich verdammt wichtig, dass es dort andere Leute gibt, die ähnliche Sachen machen wie ich. Also das dort einfach schon eine Community vor Ort ist von anderen Selbstständigen."	

Auswertungskategorie 1: Individuelle Ebene					
Nr.	Art	Thema	Fs	Zitat	Hinweise
27.	Chance	Karriere	B2	"Und die Leute im Moment sehr viel Geld damit verdienen, ihr Wissen an andere Digitale Nomaden weiter zu geben und Konferenzen zu veranstalten, Workshops zu geben und so weiter. Die haben auch nicht so ein riesengroßes Interesse daran, so viel Kritik zu üben, weil das Geschäft einfach gut läuft so lange wie Leute an dem Lifestyle interessiert sind."	
28.	Risiko	Gefühlswelt	B2	"Ich versuche da auf jeden Fall also bewusste Entscheidungen zu treffen, merke aber auch, wie schwierig das ist. Also beim Thema Flüge, ne? Ich finde es wahnsinnig schön die Möglichkeit zu haben, viele Länder kennenzulernen und Leute auf der ganzen Welt zu besuchen. Kämpfe dann aber zur gleichen Zeit natürlich mit dem schlechten Gewissen, zu wissen, dass ich pro Jahr vier oder fünf Langstreckenflüge habe."	
29.	Chance	Selbstbe-stimmung	B3	"Und bin dann zurückgekommen und habe mich gefragt ‚Hey, das Leben kann so schön sein warum muss ich jetzt so diesen gewohnten Weg gehen?', dass ich irgendwie studiere, einen Job annehme, ein Angestelltenverhältnis und dann irgendwie, dieses klassische Nine-to-five Leben wird ja auch immer genannt, das lebe. Und ich wollte einfach mehr vom Leben und deswegen wollte ich mich irgendwann selbstständig machen"	
30.	Chance	Selbstbe-stimmung	B3	"und deswegen wollte ich mich irgendwann selbstständig machen, hatte aber nie so richtig den Mut und dachte mir immer ‚Ah wenn ich das mache, dann musst du perfekt starten und alles muss von Anfang an super sein.'"	
31.	Chance	Selbstbe-stimmung	B3	"Und letztendlich haben wir es nicht geschafft, weil wir ganz viel falsch gemacht haben in dieser Welt, in dieser Social Media Welt noch gar nicht diese Do's und Don'ts irgendwie kannten. Und ja, nachdem wir da gescheitert sind haben wir uns überlegt ‚Hey, wir müssen die Message aber irgendwie trotzdem nach draußen bringen' und unsere Message war so 'Du kannst dir halt das Leben kreieren was du dir wünschst und das schaffst du halt in dem du mit dir selbst gut kommunizierst aber auch nach außen gut kommunizierst, so erschaffst du dir quasi die eigene Realität'. Und dann haben wir irgendwann gesagt ‚Hey lass doch einen Podcast starten'. Und dann haben wir einen Podcast gestartet"	
32.	Chance	Karriere	B3	"irgendwie letztes Jahr war das und auf einmal ging das so durch die Decke."	
33.	Chance	Karriere	B3	"Nach drei Monaten hatten wir dann glaube ich 40.000 Downloads und dann ist das immer so weitergegangen und jetzt wurden wir gerade für den besten Podcast des Jahres nominiert, haben jetzt eine Million Downloads glaube ich in einem Jahr erreicht und das ganze Ding ist ganz gut erfolgreich geworden."	
34.	Chance	Selbstbe-stimmung	B3	"für mich ist es einfach ein Mensch der ortsunabhängig lebt und überall auf der Welt arbeiten kann, es aber nicht zwangsläufig tut."	

Auswertungskategorie 1: Individuelle Ebene					
Nr.	Art	Thema	Fs	Zitat	Hinweise
35.	Chance	Selbstbe-stimmung	B3	"Die einen großen Drang nach Freiheit hat"	
36.	Chance	Selbstbe-stimmung	B3	"Ich glaube es gibt so eine bestimmte Lebensphase in der Menschen das gerne machen, vielleicht gerade Leute die irgendwie die Schule fertig haben oder in so einer Midlife-Crisis stecken oder in dieser- Oder in einer Quarterlife-Crisis."	
37.	Chance	Karriere	B3	"So der Teil an Digitalen Nomaden der bekannt ist und nach außen tritt, der- Und die Szene prägt, die verdienen oft also an Produkten wo sie anderen Leuten zeigen wie man quasi so wird wie sie sind. Das heißt so eine, so eine, wie kann man sagen? Also die verdienen damit Geld, dass sie anderen zeigen, wie man Digitaler Nomade wird."	

Auswertungskategorie 2: Kollektive Ebene					
Nr.	Art	Thema	Fs	Zitat	Hinweise
1.	Chance	Wissenstransfer	B1	"ich habe am 01.05.2015 meinen Blog ‚Officeflucht' gelauncht, wo es natürlich auch, wie der Name schon vermuten lässt, um unkonventionelles Arbeiten geht und idealerweise dann eben um ortsunabhängiges Arbeiten als Digitaler Nomade. Und dort stelle ich halt verschiedene Geschäftsmodelle vor, die man online verfolgen kann und versuche halt, Leuten beizubringen, also gewisse Dinge beizubringen, die sie dann für sich implementieren können, wenn sie denn den Wunsch hätten, ortsunabhängig zu arbeiten und eben die Welt zu bereisen."	Doppelt vermerkt: Kollektive Ebene → Nummer 2 → Chance → Innovationskraft
2.	Chance	Innovationskraft	B1	"ich habe am 01.05.2015 meinen Blog ‚Officeflucht' gelauncht, wo es natürlich auch, wie der Name schon vermuten lässt, um unkonventionelles Arbeiten geht und idealerweise dann eben um ortsunabhängiges Arbeiten als Digitaler Nomade. Und dort stelle ich halt verschiedene Geschäftsmodelle vor, die man online verfolgen kann und versuche halt, Leuten beizubringen, also gewisse Dinge beizubringen, die sie dann für sich implementieren können, wenn sie denn den Wunsch hätten, ortsunabhängig zu arbeiten und eben die Welt zu bereisen."	Doppelt vermerkt: Kollektive Ebene → Nummer 1 → Chance → Wissenstransfer
3.	Chance	Innovationskraft	B1	"Und ich selber verdiene meinen Lebensunterhalt mit Handel von physischen Produkten auf Amazon und vertreibe das Ganze über dieses Programm das Amazon anbietet, mit dem Namen ‚FBA'. Das steht für ‚Fulfillment by Amazon'. Und so lasse ich meine Produkte in Asien herstellen, die werden vom Hersteller direkt ins Lager in Deutschland geschickt und Amazon stellt mir halt mit diesem FBA-Programm die gesamte logistische Bandbreite, also ihre Infrastruktur, zur Verfügung und das heißt, egal ob ich jetzt in Thailand bin oder in Deutschland oder sonst wo: Wenn jemand mein Produkt auf Amazon kauft, geht halt ein Mitarbeiter ins Lager, verpackt das und verschickt das und ich muss gar nicht da sein und hab gar keinen physischen Kontakt mit der Ware und deshalb kann man damit relativ schnell einen Lebensunterhalt verdienen, weil Amazon einfach eine enorme Reichweite hat"	
4.	Chance	Globale Gerechtigkeit	B1	"Zum einen, dass man keine große Firma sein muss, um jetzt Aufgaben auszulagern. Man denkt ja bei Outsourcing immer nur irgendwie an, keine Ahnung, Mercedes, die jetzt Lager in Osteuropa haben oder sowas, ne? Oder ein Werk oder sowas. Und man kann halt kleinste Aufgaben als Privatperson eben schon auslagern."	Doppelt vermerkt: Kollektive Ebene → Nummer 5 → Risiko → Globale Gerechtigkeit

Auswertungskategorie 2: Kollektive Ebene					
Nr.	Art	Thema	Fs	Zitat	Hinweise
5.	Risiko	Globale Gerechtigkeit	B1	"Zum einen, dass man keine große Firma sein muss, um jetzt Aufgaben auszulagern. Man denkt ja bei Outsourcing immer nur irgendwie an, keine Ahnung, Mercedes, die jetzt Lager in Osteuropa haben oder sowas, ne? Oder ein Werk oder sowas. Und man kann halt kleinste Aufgaben als Privatperson eben schon auslagern."	Doppelt vermerkt: Kollektive Ebene → Nummer 4 → Chance → Globale Gerechtigkeit
6.	Risiko	Globale Gerechtigkeit	B1	"Und dann sprach er noch von dem Begriff ‚Geo-Arbitrage'. Und Geo-Arbitrage bezeichnet halt, dass man in einer starken Währung, wie jetzt Euro beispielsweise, sein Geld verdient, und aber in einer schwächeren Währung, jetzt zum Beispiel in thailändischen Baht, sein Geld ausgibt und so eine Art relatives Einkommen hat, wo man dann plötzlich viel, viel mehr von seinem Geld hat. Weil wenn ich jetzt irgendwie 5.000 Dollar in Manhattan verdiene, dann lebe ich am Existenzminium, aber wenn ich 5.000 Dollar nach Thailand nehme, dann lebe ich da, ja, königlich."	
7.	Risiko	Kommerzialisierung	B1	"Weil es gibt halt so diese Misconception, bei den ganz neuen Digitalen Nomaden zum Beispiel. Wenn man so zur DNX geht oder so, ich finde es zwar immer geil das Event, aber man hat dann halt extrem viele junge Leute da, die dann halt nur Reiseblogs lesen und so und dann halt denken: ‚Okay, ich mach' jetzt einfach mal meinen Reiseblog, dann mach' ich ein bisschen Affiliate-Marketing und dann kann ich von 500 Euro in Chiang Mai, Thailand leben', ne? Und das ist halt so der falsche Ansatz, weil das hinterher so eine Abwärtsspirale ist, aus der man schlecht wieder rauskommt."	
8.	Chance	Innovationskraft	B1	"Und die einzigen Nomaden, die ich jetzt wirklich kenne, die das halt auch wirklich leben können und nicht nur so um die Welt vagabundieren und ständig dann wieder nach Deutschland kommen, sind halt Leute, die das Ganze eben auch unternehmerisch betrachten und unternehmerisch angehen. Also es ist jetzt nicht Selbstständigkeit, also klassisches Unternehmertum oder Digitales Nomadentum. Man muss halt nur als Nomade dieses klassische Unternehmertum ummünzen, indem man jetzt das Ganze moderner gestaltet und sagt-"	
9.	Chance	Globale Gerechtigkeit	B1	"sodass man quasi so die ganzen Kernkompetenzen auslagert, ne? Da sind wir auch wieder beim Auslagern, auch Kleinunternehmer oder Privatpersonen können eben auch auslagern. Dass ich zum Beispiel, ja, das Fulfillment wie Verpackung und Versand und sowas jetzt alles von Amazon machen lasse. Und die Herstellung macht halt jemand in Asien, ne? Und die, ehm, den- Das Design für die Verpackung und so, das macht dann halt alles ein Designer. Das heißt, ich bin quasi nur Dirigent und sage jedem, was er zu tun hat, ne? Und das wäre halt nicht möglich, wenn das Internet nicht wäre, ne? Es entstehen halt ganz, ganz neue Möglichkeiten"	

Auswertungskategorie 2: Kollektive Ebene

Nr.	Art	Thema	Fs	Zitat	Hinweise
10.	Chance	Innovations-kraft	B1	"Oder generell das Karrierebild so enorm beschleunigen."	
11.	Risiko	Globale Ge-rechtigkeit	B1	"Das wäre totale Anarchie, das kann nicht funktionieren. Weil, also erstens, müsste man dafür halt eigentlich so eine Art Weltbürgertum erschaffen. Es dürfte eigentlich keine Nationen mehr geben. Weil es halt immer international Konflikte und Reglementierungen und all sowas gibt und allein schon, was jetzt so mit Steuerrecht gibt und sowas, ne? Wenn jetzt alle Digitale Nomaden wären, dann müsste die Infrastruktur weltweit halt eine ganz, ganz andere sein und daran angepasst werden. Und deshalb, das würde aufgrund dessen allein schon nicht funktionieren und insbesondere natürlich aufgrund dessen, dass es gut ist, dass nicht jeder Digitaler Nomade werden möchte auch. Weil all diese Jobs, die man trotzdem braucht, keine Ahnung, Straßenbau, Klempner, Ärzte, whatever, das muss ja trotzdem alles noch gemacht werden. Deshalb kann einfach nicht jeder Digitaler Nomade werden und das ist auch gut, dass es nicht jeder möchte."	
12.	Risiko	Globale Ge-rechtigkeit	B1	"dass quasi unser System eigentlich zusammenstürzen würde, wenn jeder jetzt plötzlich sagen würde: ‚Fuck it, ich werde jetzt Digitaler Nomade', das geht eigentlich nicht."	

Auswertungskategorie 2: Kollektive Ebene					
Nr.	Art	Thema	Fs	Zitat	Hinweise
13.	Chance	Globale Ge-rechtigkeit	B1	"Ja! Also Estland ist ja ein kleines europäisches Land mit gerade einmal, ich glaube, 3,2 Millionen Einwoh-nern. Und die haben halt früh diesen Trend des ortsunabhängigen Arbeitens erkannt und bei denen ist auch Internet ein Grundrecht für jeden Bürger. Und die haben eine der krassesten Infrastrukturen der Welt und möchten halt jetzt dadurch, dass es eben ein relativ kleines Land ist, sich eben steuerlich auch attraktiv machen für internationale ortsunabhängige Unternehmer, indem sie eben diese E-Residency ins Leben gerufen haben. Das ist eine elektronische Bürgerschaft, keine vollwertige Bürgerschaft. Also das ist jetzt für Nichteuropäer nicht automatisch eine Aufenthaltsgenehmigung oder so. Das, was es so interes-sant macht, ist einfach, dass man dort zum einen alles komplett remote machen kann. Also man muss nie wieder physisch irgendwas ausdrucken und unterschreiben und zur Post bringen oder sonst was. Das heißt, man kann es halt wirklich komplett ortsunabhängig alles machen, also ich kann mich da, ich habe so eine E-Residency-Karte, so eine Chipkarte mit so einem USB-Lesegerät und mit dieser Karte logge ich mich ein in mein Onlinebanking, in mein Steuerportal, kann mit ein paar Klicks meine monatliche Steuererklärung machen. Ich muss da selber unglaublich wenig Zeit aufwenden, um mein gesamtes Business dort zu führen, und das Ganze ist halt extrem günstig. Also die E-Residency selbst kostet einmalig 100 Euro und die Geschäftsanmeldung kostet dann nochmal 130. Und das Krasse ist einfach, dass die dort- Also ich habe eine sogenannte OÜ gegründet, das ist das Pendant zur deutschen GmbH, also eine richtige Kapitalgesellschaft – nur, dass man in Deutschland für eine GmbH 25.000 Euro Stammeinlage braucht und dann noch einen Notar bezahlt und all sowas, und bei der OÜ, da zahlt man nur zweieinhalb Tausend ohne Notar und muss die noch nicht einmal einzahlen, das heißt, ich kann die einzahlen, wann immer ich möch-te, nur natürlich, solange die nicht eingezahlt sind, würde ich halt dann auch noch mit meinem Privatver-mögen haften, wenn irgendwas passiert. Aber da ich jetzt nur Consulting mache zum Beispiel und jetzt nicht, keine Ahnung, Uran verkaufe ((lacht)), ist das jetzt dann theoretisch auch gar nicht notwendig, dass ich jetzt diese Stammeinlage bezahle. So das Reizvolle für Leute, die halt ihr Business aufbauen wollen, ist einfach, dass in Estland alle Gewinne, die entstehen, solange sie in der Firma bleiben, hundert Prozent steuerfrei sind. Das heißt, ich könnte alle Gewinne komplett zu hundert Prozent reinvestieren und müsste nicht wie in Deutschland jetzt erstmal Gewinne versteuern und dann mit dem Rest reinvestieren oder sowas. Das heißt, wenn ich jetzt das nur als Firma nutze und vielleicht noch andere Privateinkünfte hätte oder sowas, dann muss ich dann halt gar keine Steuern für zahlen. Und wenn ich jetzt Geld da rausnehme, dann zahle ich halt pauschal zwanzig Prozent. Beziehungsweise da gibt es auch noch Mittel und Wege, das irgendwie geringer zu halten, weil man jetzt im zweiten Jahr das in Form von Dividenden macht und so, aber das geht jetzt, glaube ich, wahrscheinlich ein bisschen zu weit."	
14.	Chance	Innovations-kraft	B1	"Und die haben halt früh diesen Trend des ortsunabhängigen Arbeitens erkannt und bei denen ist auch Internet ein Grundrecht für jeden Bürger. Und die haben eine der krassesten Infrastrukturen der Welt"	

Auswertungskategorie 2: Kollektive Ebene

Nr.	Art	Thema	Fs	Zitat	Hinweise
15.	Chance	Innovations-kraft	B1	"und möchten halt jetzt dadurch, dass es eben ein relativ kleines Land ist, sich eben steuerlich auch attraktiv machen für internationale ortsunabhängige Unternehmer, indem sie eben diese E-Residency ins Leben gerufen haben."	
16.	Chance	Innovations-kraft	B1	"Das ist eine elektronische Bürgerschaft, keine vollwertige Bürgerschaft. Also das ist jetzt für Nichteuropä-er nicht automatisch eine Aufenthaltsgenehmigung oder so."	
17.	Chance	Innovations-kraft	B1	"Das, was es so interessant macht, ist einfach, dass man dort zum einen alles komplett remote machen kann. Also man muss nie wieder physisch irgendwas ausdrucken und unterschreiben und zur Post bringen oder sonst was. Das heißt, man kann es halt wirklich komplett ortsunabhängig alles machen, also ich kann mich da, ich habe so eine E-Residency-Karte, so eine Chipkarte mit so einem USB-Lesegerät und mit dieser Karte logge ich mich ein in mein Onlinebanking, in mein Steuerportal, kann mit ein paar Klicks meine monatliche Steuererklärung machen."	
18.	Chance	Ökologische Nachhaltig-keit	B1	"Also man muss nie wieder physisch irgendwas ausdrucken und unterschreiben und zur Post bringen oder sonst was."	
19.	Chance	Innovations-kraft	B1	"Also ich habe eine sogenannte OÜ gegründet, das ist das Pendant zur deutschen GmbH, also eine richtige Kapitalgesellschaft – nur, dass man in Deutschland für eine GmbH 25.000 Euro Stammeinlage braucht und dann noch einen Notar bezahlt und all sowas, und bei der OÜ, da zahlt man nur zweieinhalb Tausend ohne Notar und muss die noch nicht einmal einzahlen, das heißt, ich kann die einzahlen, wann immer ich möchte, nur natürlich, solange die nicht eingezahlt sind, würde ich halt dann auch noch mit meinem Pri-vatvermögen haften, wenn irgendwas passiert. Aber da ich jetzt nur Consulting mache zum Beispiel und jetzt nicht, keine Ahnung, Uran verkaufe ((lacht)), ist das jetzt dann theoretisch auch gar nicht notwendig, dass ich jetzt diese Stammeinlage bezahle. So das Reizvolle für Leute, die halt ihr Business aufbauen wollen, ist einfach, dass in Estland alle Gewinne, die entstehen, solange sie in der Firma bleiben, hundert Prozent steuerfrei sind. Das heißt, ich könnte alle Gewinne komplett zu hundert Prozent reinvestieren und müsste nicht wie in Deutschland jetzt erstmal Gewinne versteuern und dann mit dem Rest reinvestieren oder sowas. Das heißt, wenn ich jetzt das nur als Firma nutze und vielleicht noch andere Privateinkünfte hätte oder sowas, dann muss ich dann halt gar keine Steuern für zahlen. "	
20.	Chance	Innovations-kraft	B1	"Also zum einen haben die natürlich mehr Steuereinnahmen, weil plötzlich mehr Leute Firmen haben, als Leute dort leben."	
21.	Chance	Innovations-kraft	B1	"Und es ist ja grundsätzlich nicht verkehrt, technisch Vorreiter in vielen Dingen zu sein, weil dadurch natür-lich tolle internationale Beziehungen auch in Form von Kooperationen später entstehen können."	

Auswertungskategorie 2: Kollektive Ebene					
Nr.	Art	Thema	Fs	Zitat	Hinweise
22.	Chance	Innovations-kraft	B1	"Und ich meine, Estland ist halt in vielen Dingen schon Vorreiter gewesen, zum Beispiel Skype, was wir hier gerade nutzen, stammt aus Estland. Also der Gründer ist Este, ne? Also einer der drei Gründer. Und die haben halt eine ziemlich krasse Start-up-Szene und ich denke einfach, dass dieser ganze Fintech-Bereich und sowas mit so Financial Apps und all sowas, was dort in Estland und generell in Skandinavien sehr groß ist, total davon profitiert, wenn Estland plötzlich so ‚on the map' ist. Dass das international so beworben wird und- Natürlich kommen auf dieses Thema nur Leute, die eben ortsunabhängig oder die online arbeiten und so in der Start-up-Szene aktiv sind und da kommen neue Investoren und so, ne? Also irgendwie erregt das einfach Aufmerksamkeit in den richtigen Kreisen, weltweit aber."	
23.	Risiko	Kommerziali-sierung	B1	"Also zum einen wird kritisiert, dass viele Nomaden, ja irgendwie wie moderne Hippies wären und alle ja kein Geld verdienen. Und ich bin der Meinung, dass das natürlich, ja, es gibt definitiv viele Leute die jetzt erstmal nur das Reisen in den Vordergrund stellen und nicht so wirklich daran denken, dass sie ein lukratives Business aufbauen oder so. Und ich persönlich mag den Mittelweg, also ich bin jetzt auch nicht so der Hardcore-Unternehmer oder sowas, da habe ich einfach- Ich will einfach, wenn ich schon reise, dann will ich auch was von den Orten sehen und nicht die ganze Zeit nur am Laptop sitzen natürlich. Aber ist schon wahr, dass auf jeden Fall viele Leute dabei sind, die naiv ins Nomadentum starten und dann irgendwann nach einem Jahr oder so zurückkommen, Erspartes ausgegangen und dann denken: ‚Okay, ja, das war jetzt nichts für mich.' Erstens das, also Leute, die kein Geld verdienen."	
24.	Risiko	Innovations-kraft	B1	"Aber der Vorteil für mich ist dabei einfach, auch wenn ich glaube, dass ich irgendwann wieder sesshaft werden möchte, dass man- Also ich weiß, ich möchte nicht in Deutschland sesshaft werden, weil ich so viele tolle Orte gesehen habe, wo ich für mein Geld auch viel, viel mehr bekomme, dass ich niemals die rationale Entscheidung treffen könnte: ‚Ach, ich gehe jetzt zurück nach Deutschland ausgerechnet'. Und ignoriere all die Orte, wo es viel cooler war, ne?"	
25.	Chance	Innovations-kraft	B1	"Deshalb, der Vorteil ist, dass du reisen kannst, um herauszufinden, wo finde ich es denn am Coolsten, um mich dann hinterher niederzulassen, wenn es mal soweit ist. Also ich mag diesen Gedanken, und das geht vielen Nomaden so, von Multilokalität, ne? Dass man so seine top zwei, drei Orte hat, an die man immer wieder gerne zurückkommt, wo man Anlaufpunkte hat, wo man sich halt auskennt, wo man sich heimisch fühlt."	
26.	Chance	Innovations-kraft	B1	"Also so eine gewisse Form von Heim oder Heimat, denke ich, braucht trotzdem jeder Mensch, nur muss das nicht mehr die eigentliche Heimat im klassischen Sinne sein."	
27.	Chance	Innovations-kraft	B1	"Es gibt auch Nomadenfamilien, es gibt Leute, die betreiben ganze Blogs darüber, dass sie mit ihrer fünf-köpfigen Familie die ganze Zeit durch die Welt reisen und sowas"	

Auswertungskategorie 2: Kollektive Ebene					
Nr.	Art	Thema	Fs	Zitat	Hinweise
28.	Chance	Wissens-transfer	B1	"Zumal ich persönlich, ich weiß nicht, ob du mich so ein bisschen mehr durchleuchtet hast oder sowas, aber ich versuche halt, an verschiedenen Orten auch immer wieder was zurückzugeben und an sozialen Projekten und sowas teilzunehmen. Und Geo-Arbitrage ist halt keine Einbahnstraße, aber ich denke, dass man gerade, wenn man dann vor Ort ist, viel mehr auswiegen kann, als wenn man jetzt ja einfach in Deutschland in seinem Büro sitzt und dann den Digitalen Nomaden gegenüber so den Finger erhebt."	
29.	Chance	Innovations-kraft	B2	"Und ich war einfach so begeistert von den ganzen Möglichkeiten und Freiheiten, die dadurch gekommen sind, dass ich das einfach gerne weitergeben wollte. Und das ist auch immer noch meine große Motivation ist, dass- Den Leuten, die diese Option vielleicht noch nicht sehen, diese Leute zu inspirieren, (unv.), genau über, ja, Optionen in der digitalen Selbstständigkeit nachzudenken."	
30.	Chance	Wissens-transfer	B2	"Und ich war einfach so begeistert von den ganzen Möglichkeiten und Freiheiten, die dadurch gekommen sind, dass ich das einfach gerne weitergeben wollte."	
31.	Chance	Innovations-kraft	B2	"Und ich war einfach so begeistert von den ganzen Möglichkeiten und Freiheiten, die dadurch gekommen sind, dass ich das einfach gerne weitergeben wollte. Und das ist auch immer noch meine große Motivation ist, dass- Den Leuten, die diese Option vielleicht noch nicht sehen, diese Leute zu inspirieren, (unv.), genau über, ja, Optionen in der digitalen Selbstständigkeit nachzudenken."	
32.	Chance	Innovations-kraft	B2	"Und war dann in Shanghai relativ schnell einsam, weil es da auch wenige Selbstständige gab. Und dann habe ich begonnen, einfach im Internet zu suchen, gibt es denn Leute die Ähnliches machen wie ich, kann ich mich mit denen vernetzen. Und dann bin ich ziemlich schnell so auf die ersten Digitalen Nomaden, die sich dann in Deutschland hervorgetan haben, das muss so Mitte 2013 gewesen sein, bin auf die gestoßen. Habe mich relativ schnell mit denen vernetzt. Und habe dann eben auch aus dieser Motivation heraus, dass ich selbst viel allein für mich gearbeitet habe, eine eigene Online-Community erstellt, genau für die Digitalen Nomaden, die dann, genau, dafür gesorgt hat, dass ich jetzt mittlerweile ein relativ großes Netzwerk habe."	
33.	Chance	Innovations-kraft	B2	"Aber alle vertreten ähnliche Grundwerte und das sind vor allem Freiheit, das ist sehr, sehr viel Selbstbe-stimmung"	

Auswertungskategorie 2: Kollektive Ebene

Nr.	Art	Thema	Fs	Zitat	Hinweise
34.	Risiko	Globale Ge-rechtigkeit	B2	"Also ich glaube, es kann einfach nicht funktionieren, weil es einfach- Ich glaube die meisten Digitalen Nomaden, gerade eben durch diesen Freiheitsdrang und diesen Wunsch nach Selbstbestimmung, haben einfach Probleme mit Strukturen und können sich, glaube ich, auch schlecht irgendwo- Lassen sich ungern irgendwo reindrücken. Und das steht ja nicht immer, im- Also in diesem klassischen Wohle der Gesellschaft, also es ist sehr, sehr viel Individualität und ich glaube nicht, dass das im Großen und Ganzen gut wäre für die gesamte Menschheit. Also ich kann mir das überhaupt nicht vorstellen, dass irgendwann alle nur noch digitalnomadisch unterwegs sind oder so arbeiten."	
35.	Risiko	Globale Ge-rechtigkeit	B2	"Ich glaube die meisten Digitalen Nomaden, gerade eben durch diesen Freiheitsdrang und diesen Wunsch nach Selbstbestimmung, haben einfach Probleme mit Strukturen und können sich, glaube ich, auch schlecht irgendwo- Lassen sich ungern irgendwo reindrücken. Und das steht ja nicht immer, im- Also in diesem klassischen Wohle der Gesellschaft, also es ist sehr, sehr viel Individualität und ich glaube nicht, dass das im Großen und Ganzen gut wäre für die gesamte Menschheit."	
36.	Risiko	Innovations-kraft	B2	"Also absolute Randerscheinung. Es werden sicher mehr, weil auch mehr- Ich sehe, es gibt auf jeden Fall auch den Trend ja schon eine Weile, dass immer mehr Unternehmen ihre Leute remote arbeiten lassen oder aus dem Homeoffice zumindest, dass die flexible Arbeitszeiten haben und im Grunde auch die Möglichkeit haben, von überall aus zu arbeiten. Aber ich sehe auch, dass viele Leute, die diese Möglichkeit haben, die einfach auch gar nicht nutzen wollen. Das mit dem Reisen zu verbinden oder auch mit- Dass vielen Leuten diese Flexibilität einfach nicht guttut."	
37.	Risiko	Innovations-kraft	B2	"Und was ich im Moment für sehr erstrebenswert halte, ist genau dieses Prinzip der Multilokalität also, dass man zwei, drei Homebases hat."	
38.	Risiko	Kommerziali-sierung	B2	"Ich glaube, durch die Medien geht auch immer dieses Bild von dem Web-Worker, der irgendwo in einer Hängematte liegt und eine Kokosnuss trinkt und dann zwei Stunden am Tag arbeitet und damit gutes Geld verdient. Und genau mit diesem Bild lassen sich natürlich auch viele Bücher und Onlinekurse und Workshops verkaufen."	
39.	Risiko	Kommerziali-sierung	B2	"Und das ist ein großer Kritikpunkt, dass alles viel zu blumig dargestellt wird und viel zu einfach. Dass gesagt wird, jeder kann das und das ist nicht schwer und das ist einfach falsch."	

Auswertungskategorie 2: Kollektive Ebene

Nr.	Art	Thema	Fs	Zitat	Hinweise
40.	Risiko	Globale Gerechtigkeit	B2	"Ein anderer großer Kritikpunkt ist, dass sich gerade Digitale Nomaden sich schon sagen, dass sie sehr, sehr viel auf Nachhaltigkeit achten, auf gesunde Ernährung, auf- Darauf, dass auch im Ausland faire Löhne bezahlt werden, dass sie der Umwelt Gutes tun. Aber dass dort eigentlich eine, ja schon gewissermaßen schon so eine Doppelmoral herrscht, weil wir ja natürlich das ganze Jahr über durch die Welt fliegen und damit auch einen großen Teil zum CO_2-Ausstoß beitragen, dass wir viele Sachen outsourcen in Länder wie Indien und die Philippinen und dort keine guten Löhne bezahlen, dass wir in China billig produzierte Ware bestellen in Fabriken, wo die Arbeitsbedingungen einfach nicht gut sind, und die dann in Deutschland weiterverkaufen. Und genau diese Doppelmoral, die gibt es auf jeden Fall und das ist für mich auch ein ganz wichtiger Kritikpunkt, ja, da eine Diskussion anzustoßen, zu überlegen- Wir wollen alle diese Werte vertreten, die gut sind für den Menschen, gut sind für die Umwelt und die Gesellschaft, aber haben eigentlich Geschäftsmodelle, die genau diese Werte mit Füßen treten."	
41.	Chance	Globale Gerechtigkeit	B2	"dass sich gerade Digitale Nomaden sich schon sagen, dass sie sehr, sehr viel auf Nachhaltigkeit achten, auf gesunde Ernährung, auf- Darauf, dass auch im Ausland faire Löhne bezahlt werden, dass sie der Umwelt Gutes tun."	
42.	Risiko	Ökologische Nachhaltigkeit	B2	"weil wir ja natürlich das ganze Jahr über durch die Welt fliegen und damit auch einen großen Teil zum CO_2-Ausstoß beitragen"	
43.	Risiko	Globale Gerechtigkeit	B2	"dass wir viele Sachen outsourcen in Länder wie Indien und die Philippinen und dort keine guten Löhne bezahlen, dass wir in China billig produzierte Ware bestellen in Fabriken, wo die Arbeitsbedingungen einfach nicht gut sind, und die dann in Deutschland weiterverkaufen."	Doppelt vermerkt: Kollektive Ebene → Nummer 44 → Chance → Globale Gerechtigkeit
44.	Chance	Globale Gerechtigkeit	B2	"dass wir viele Sachen outsourcen in Länder wie Indien und die Philippinen und dort keine guten Löhne bezahlen, dass wir in China billig produzierte Ware bestellen in Fabriken, wo die Arbeitsbedingungen einfach nicht gut sind, und die dann in Deutschland weiterverkaufen."	Doppelt vermerkt: Kollektive Ebene → Nummer 43 → Risiko → Globale Gerechtigkeit

Auswertungskategorie 2: Kollektive Ebene

Nr.	Art	Thema	Fs	Zitat	Hinweise
45.	Risiko	Ökologische Nachhaltigkeit	B2	"zu wissen, dass ich pro Jahr vier oder fünf Langstreckenflüge habe"	
46.	Chance	Wissenstransfer	B2	"wenn ich schon so viel fliege und weiß, dass ich dann halt der Umwelt schade, dann versuche ich, wenigstens im Land Gutes zu tun, und versuche, dort einmal mich mit den Kulturen vor Ort zu beschäftigen, auch für Austausch zu sorgen, auch-"	
47.	Chance	Wissenstransfer	B2	"Was wir jetzt ein paar Mal gemacht haben, ist, in Schulen zu gehen und den Leuten mal so ein bisschen zu erklären, wie wir eigentlich so arbeiten, wie ein Laptop funktioniert."	
48.	Risiko	Globale Gerechtigkeit	B2	"Das sind die Leute, die das Bewusstsein haben und die sich dann eher abwenden und sagen, sie wollen nicht assoziiert werden mit dem Begriff ‚Digitaler Nomade.‘"	
49.	Chance	Wissenstransfer	B2	"Oder auch wenn wir- Was ich mache, ist, Workations zu veranstalten, (unv.) zehn bis zwölf andere Digitale Nomaden irgendwelche schönen Orte, arbeiten dort zwei Wochen gemeinsam, dass wir dort von jedem einen Spendenbeitrag einsammeln und das einem guten Zweck vor Ort zukommen lassen. Oder, dass ich sage, wenn ich in diese Länder reise, dann versuche ich, das Geld auch vor Ort auszugeben. Also nicht in große Hotelketten zu gehen oder bei McDonalds zu essen, sondern gucke ich, das lokal auszugeben, sodass es den Leuten vor Ort zugutekommt."	
50.	Chance	Innovationskraft	B2	"dann wird das die ganze Bewegung auch weiterwachsen, definitiv. Vor allem, wenn das auch mehr in den Unternehmen ankommt, Unternehmen mehr Vertrauen in ihre Mitarbeiter haben und sagen: ‚Ja, wir würden euch auch ermöglichen, diesen Lifestyle zu leben, wenn ihr weiterhin eure Leistung bringt. Und uns ist dann auch egal, von wo ihr die erbringt.'"	
51.	Risiko	Globale Gerechtigkeit	B2	"dass das jetzt schon an so einem Scheidepunkt steht. Und ich glaube, dass genau diese Diskussion darüber, wie nachhaltig ist das eigentlich was wir machen, wie massentauglich ist das auch? Dass die jetzt starten muss, weil es ansonsten, was man auch merkt in dieser Szene, ist, dass die schon so ein bisschen auseinanderbricht und dass viele Leute sich eben nicht mehr mit den Werten, die von einigen Digitalen Nomaden vertreten werden, selbst, ja, verbunden fühlen. Und sich dann eher abwenden. Und man merkt schon, dass das da so eine Spaltung gibt. Und genau deshalb wird diese Diskussion jetzt so wichtig"	

Auswertungskategorie 2: Kollektive Ebene					
Nr.	Art	Thema	Fs	Zitat	Hinweise
52.	Risiko	Globale Gerechtigkeit	B2	"Viele Digitale Nomaden sind halt sehr individuell und in dem Zuge auch sehr egoistisch und gucken immer zuerst auf sich, was ist das Beste für mich, was ich ja grundsätzlich ja nicht für falsch halte. Und dann an Orte gehen, wie zum Beispiel Chiang Mai oder Bali, und dort ihr Leben leben, günstig dort essen und arbeiten und schlafen, sich mit anderen Ausländern vernetzen und dabei aber eigentlich in so einer Blase leben und die überhaupt nicht richtig vor Ort sind, sondern sich den Ort einfach nur zunutze machen. Und dann kommt im Endeffekt auch nicht viel in dem Land an, wo wir dann arbeiten, da hinzu aber keine Steuern bezahlen, keine anderen Abgaben leisten. Und ich glaube, dass wir da einfach auch in der Verantwortung sind, zu sagen, wir nutzen halt diese Vorteile aus, was auch so schön als Geo-Arbitrage bekannt ist. Wir haben die Möglichkeit, diese Vorteile auszunutzen, dass wir dann auch, dass das keine Einbahnstraßen sind, sondern, dass wir dann auch in der Pflicht sind, einfach auch was zurückzugeben. Uns mit dem Land, der Sprache, der Kultur zu beschäftigen. Auch die, wenn es möglich ist, die Einwohner vor Ort finanziell zu unterstützen, um einfach diese, ja, diese Lücke ein bisschen mehr zu schließen."	
53.	Risiko	Globale Gerechtigkeit	B2	"Und dann an Orte gehen, wie zum Beispiel Chiang Mai oder Bali, und dort ihr Leben leben, günstig dort essen und arbeiten und schlafen, sich mit anderen Ausländern vernetzen und dabei aber eigentlich in so einer Blase leben und die überhaupt nicht richtig vor Ort sind, sondern sich den Ort einfach nur zunutze machen. Und dann kommt im Endeffekt auch nicht viel in dem Land an, wo wir dann arbeiten, da hinzu aber keine Steuern bezahlen, keine anderen Abgaben leisten."	
54.	Chance	Wissenstransfer	B2	"Also Spenden ist immer ein guter Einstieg, aber dann vor allem so Wissenstransfer, ne? Den Thailändern zum Beispiel zu zeigen, was sie auch mit einem Laptop machen können. Und was, dass so gefühlt vom Marketing und generell vom ganzen Internet her sind die meisten asiatischen Länder einfach noch so zehn Jahre hinter und ich glaube, wenn man da für Wissenstransfer sorgt, haben die wieder wahnsinnig gute Möglichkeiten."	
55.	Risiko	Innovationskraft	B2	"Und ja, wir haben auch schon oft über Konzepte nachgedacht mit Bekannten zusammen. Wir machen einfach mal einen Austausch, wir gehen jetzt mal mit fünf Deutschen oder Westlern nach Thailand, arbeiten dort mit fünf Thailändern zusammen und ein halbes Jahr später kommen die nach Deutschland, was sich aber einfach wahnsinnig schwierig gestaltet, weil man im Endeffekt für die Leute bürgen muss, man muss nachweisen können, dass man selber einen bestimmten Geldbetrag auf dem Konto hat oder der Ausländer. Man ist dann quasi in der Haftung für einen Thailänder, der anders kein Visum bekommen könnte."	

Auswertungskategorie 2: Kollektive Ebene

Nr.	Art	Thema	Fs	Zitat	Hinweise
56.	Chance	Globale Ge-rechtigkeit	B2	"Eine andere gute Möglichkeit – und da ist Thailand auch immer so einer der Vorreiter, weil es dort einfach viele Digitale Nomaden gibt – wäre- Also ein großes Thema ist immer Besteuerung, ne? Weil wir sind da mit einem Touristenvisum, dürften dort eigentlich theoretisch gar nicht arbeiten und bezahlen natürlich auch keine Steuern. Ja, diese Besteuerung ist einfach schwierig, wenn man die ganze Zeit vom Laptop aus arbeitet, aber zu sagen:,Ihr bekommt hier ein Arbeitsvisum für ein halbes Jahr oder für ein Jahr, müsst euch nicht dauernd darum kümmern, wie ihr euer nächstes Touristenvisum bekommt und dafür bezahlt ihr einfach einen höheren Preis, ihr zahlt zum Beispiel 2.000 Euro für ein Jahresvisum und damit sind eure Steuern abgegolten.' Ich glaube, das würde auch schon- Ja, wäre eine sehr, sehr gute Lösung."	
57.	Chance	Wissens-transfer	B3	",Ey, lass doch mal dieses Wissen nach draußen bringen' und haben gesagt:,Ey, wir starten jetzt einen YouTube-Channel und werden YouTube-Stars und können dann von überall auf der Welt arbeiten.'"	
58.	Chance	Wissens-transfer	B3	"haben wir uns überlegt:,Hey, wir müssen die Message aber irgendwie trotzdem nach draußen bringen' und unsere Message war so:,Du kannst dir halt das Leben kreieren, was du dir wünschst, und das schaffst du halt, indem du mit dir selbst gut kommunizierst, aber auch nach außen gut kommunizierst, so erschaffst du dir quasi die eigene Realität'. Und dann haben wir irgendwann gesagt:,Hey lass doch einen Podcast starten.'"	
59.	Chance	Innovations-kraft	B3	"Ich mache Coachings, mache aber teilweise noch Promotionjobs, die dann ortsgebunden sind. Aber das Coaching, das kann ich zum Beispiel per Skype machen und das ist dann ortsunabhängig, beziehungswei-se wir verkaufen auch digitale Infoprodukte, machen Werbung auf unserem Podcast, das funktioniert dann wie Radiowerbung, da nehmen wir halt Geld von den Sponsoren und verdienen über Affiliate-Marketing, also das Bewerben von Produkten, auch noch Geld."	
60.	Risiko	Innovations-kraft	B3	"Ich bin offiziell Student, weil als Student hat man sehr viele Vorteile, gerade wenn man sich selbstständig macht. Was Krankenversicherung angeht und zum Beispiel ein Semesterticket, weil ich hauptsächlich in Hamburg unterwegs bin, wenn ich nicht gerade irgendwie in der Welt unterwegs sein sollte. Und das hat dann finanzielle Vorteile, das heißt, ich habe meine Kosten sehr minimiert und das auch dank des Studentenstatus. Und genau, das ist mein aktueller Status quasi. Aber ich bin eigentlich fertig, muss nur noch meine Abschlussarbeit schreiben."	
61.	Risiko	Kommerziali-sierung	B3	"In unserem Podcast sehen wir das aber nicht so dogmatisch, weil wir halt, ja, das nur als Marketingbegriff nutzen, weil so dieses Klischee ist, ist der Digitalen Nomaden, äh, Digitaler Nomade ist so derjenige, der irgendwie mit einem Cocktail irgendwie auf Bali in der Hängematte schlürfend seinen Cocktail trinkt und irgendwie nebenbei am MacBook ein bisschen was macht und diesem Klischeebild haben wir uns einfach bedient."	

Auswertungskategorie 2: Kollektive Ebene					
Nr.	Art	Thema	Fs	Zitat	Hinweise
62.	Chance	Innovations-kraft	B3	"Ist halt dieses Hinterfragen von der aktuellen gesellschaftlichen Norm zum Beispiel, ist das Arbeitsmodell oder das -konzept, wie wir es leben, ist das noch das, was angebracht ist? Also müssen wir irgendwie in Büros gehen und ja, neun Stunden da sitzen, obwohl wir vielleicht schon nach sieben Stunden schon fertig sind und irgendwie abhauen könnten? Also dieses, ja, sehr, sehr starre Konzept. Auch das Schulkonzept zum Beispiel, also wie funktioniert Schule? Schule wurde damals irgendwie entwickelt, um Fabrikarbeiter auszubilden, heute brauchen wir halt irgendwie neue Arten von Arbeitern und da ist das aktuelle Schulkonzept vielleicht auch nicht mehr das richtige. Das heißt, sehr viel hinterfragen."	
63.	Chance	Innovations-kraft	B3	"heute brauchen wir halt irgendwie neue Arten von Arbeitern"	
64.	Chance	Ökologische Nachhaltig-keit	B3	"ganz viele in der Szene sind Veganer"	
65.	Chance	Innovations-kraft	B3	"Ich glaube, dass die gesamte Arbeitswelt sich nur entwickeln wird und es wird- Der Teil an Digitalen Nomaden wird größer werden, es werden viel mehr werden, es wird normal werden, dass man von überall aus arbeiten kann, weil man seinen Laptop dabei hat und die Internetverbindung wird in ein paar Jahren noch besser überall auf der Welt sein."	
66.	Risiko	Innovations-kraft	B3	"Der Teil an Digitalen Nomaden wird größer werden, es werden viel mehr werden, es wird normal werden, dass man von überall aus arbeiten kann, weil man seinen Laptop dabei hat und die Internetverbindung wird in ein paar Jahren noch besser überall auf der Welt sein."	
67.	Risiko	Innovations-kraft	B3	"Und ich glaube, dass auch viele Menschen keinen Job haben werden und ich glaube, dieses Problem muss auch gelöst werden. Ich glaube zum Beispiel, dass es das in unserem Leben noch das Grundeinkommen geben wird, also es wird meiner Meinung nach kommen. Weil man, ja, schauen muss, wie kann man diese ganze Menschen, die dann keinen Job haben, sozusagen durchbringen?"	
68.	Chance	Innovations-kraft	B3	"Und ich glaube, dass dieser ganze Wert, den wir in Arbeit stecken, sich auch verändern muss, ne?"	
69.	Chance	Innovations-kraft	B3	"Und ich glaube, dieses, dass man sich seine Identifikation oder seine Identität von dem Job abhängig macht, das wird sich so ein bisschen verändern."	

Auswertungskategorie 2: Kollektive Ebene

Nr.	Art	Thema	Fs	Zitat	Hinweise
70.	Chance	Innovations-kraft	B3	"Aber was kommen wird, ist auch natürlich, dass da Geschäftsmodelle drumrum entwickelt wird. Also zum Beispiel bezahlt man dann eine Miete, aber du kannst dann halt in verschiedenen Locations auf der Welt leben, ne? Momentan gibt es sowas wie AirBnB, aber das wird halt wirklich so sein, dass du eine monatliche Miete zahlst und dafür kannst du halt dann an bestimmten Destinationen auf der Welt leben."	
71.	Risiko	Kommerziali-sierung	B3	"ich glaube, dass es halt schon viel, viel mehr Digitale Nomaden gibt, die einfach irgendwie Programmierer sind oder Designer und schon in der Welt unterwegs sind. Die verdienen natürlich nicht mit anderen Digitalen Nomaden."	
72.	Risiko	Kommerziali-sierung	B3	"Und, dass viele denken, sie starten irgendwie einen Reiseblog und werden damit reich und können damit ein Business machen. Das ist auch so ein Irrglaube, gerade von Anfängern in der Szene, die denken: ‚Ich mache einfach einen Blog und kann dann irgendwie um die Welt reisen und verdiene dann mit ein bisschen Affiliate-Einnahmen mein Geld.'"	
73.	Risiko	Globale Ge-rechtigkeit	B3	"Ich glaube, dass dieser Digitale Nomadenlifestyle halt so ein Privileg ist gerade von- Aus unserer westlichen Welt oder wir hier in Deutschland, die sagen können:‚Ey, wenn wir mal arbeitslos sind, dann ist das nicht so wild, ich kann mich jetzt einfach mal ausprobieren.' Das muss man sich klar machen, das ist halt nur ein kleiner Teil auf der Welt irgendwie- Also hat dieses Privileg."	
74.	Chance	Innovations-kraft	B3	"Absolut. Dadurch, dass das Internet irgendwie dafür sorgt, dass Informationen überall zugänglich sind, werden, glaube ich, auch in gerade auch ärmeren Regionen Leute irgendwann diesen Lifestyle mitkriegen und den dann umsetzen."	
75.	Chance	Wissens-transfer	B3	"Und ich kenne auch viele, die versuchen, in solchen Regionen, dass Digitale Nomaden dieses Leben oder diesen Lifestyle schon einmal näherzubringen, welche, die in Schulen gehen. Unter anderem ja auch Bastian Barami war auch schon in Schulen unterwegs, hat so ein bisschen gezeigt, wie er sein Geld im Internet verdient, mit Amazon FBA."	

Anhang 6 – Datenaufbereitung (Fs = Fundstelle)

Auswertungskategorie 1: Individuelle Ebene; Thema: Gefühlswelt					
Nr.	Art	Thema	Unterthema	Fs	Zitat
16.	Risiko	Gefühlswelt	Einsamkeit	B1	"die meisten Nomaden sind relativ jung und ungebunden und so und viele erzählen dann halt so:,Ja ich habe mich erstmal von meinem Partner nach, keine Ahnung, acht Jahren oder sowas getrennt und lebe jetzt hier meinen Traum und so.' Und das Problem ist natürlich, dass viele, die dann halt andere Nomaden daten, dass das dann vielleicht so die Reisepläne- Dass man nicht auf einen Nenner kommt. Also es gibt extrem viele Nomadensingles, ne? Und ich denke einfach, dass wenn man jetzt irgendwie zu Hause alle Zelte abgebrochen hat, um eine gewisse Freiheit zu erlangen, dass sich dann Leute einfach grundsätzlich schwerertun, wieder ein bisschen davon abzugeben, indem man jetzt in eine Partnerschaft geht."
24.	Risiko	Gefühlswelt	Einsamkeit	B2	"Was ich gelernt habe, jetzt gerade in den Zeiten, wo ich auch relativ viel gereist habe, ist, dass mir ein Be-zugspunkt total wichtig ist, also ein Zuhause. Dass es vor allem kommt es mir dann auf die Menschen drauf an, gar nicht so sehr auf den Ort. Aber einfach so ein, auch dieses Gefühl der Sicherheit einfach zu haben, dass man dort angekommen ist, dass man dort auspacken kann, dass man die Infrastruktur dort kennt, dass man sich dort wohlfühlt."
28.	Risiko	Gefühlswelt	Gewissen	B2	"Ich versuche da auf jeden Fall also, bewusste Entscheidungen zu treffen, merke aber auch, wie schwierig das ist. Also beim Thema Flüge, ne? Ich finde es wahnsinnig schön, die Möglichkeit zu haben, viele Länder kennenzulernen und Leute auf der ganzen Welt zu besuchen. Kämpfe dann aber zur gleichen Zeit natürlich mit dem schlechten Gewissen, zu wissen, dass ich pro Jahr vier oder fünf Langstreckenflüge habe."
8.	Chance	Gefühlswelt	Lebensqualität	B1	"dass man plötzlich eine viel, viel höhere Lebensqualität hat, einfach dadurch, dass man seinen Aufenthalts-ort verlagern kann, wenn man eben übers Internet arbeitet."
24.	Risiko	Gefühlswelt	Sicherheit	B2	"Was ich gelernt habe, jetzt gerade in den Zeiten, wo ich auch relativ viel gereist habe, ist, dass mir ein Be-zugspunkt total wichtig ist, also ein Zuhause. Dass es vor allem kommt es mir dann auf die Menschen drauf an, gar nicht so sehr auf den Ort. Aber einfach so ein, auch dieses Gefühl der Sicherheit einfach zu haben, dass man dort angekommen ist, dass man dort auspacken kann, dass man die Infrastruktur dort kennt, dass man sich dort wohlfühlt."
2.	Chance	Gefühlswelt	Spaß	B1	"Und, ja, das macht mir sehr viel Spaß"
26.	Chance	Gefühlswelt	Zugehörigkeit	B2	"Dann ist natürlich verdammt wichtig, dass es dort andere Leute gibt, die ähnliche Sachen machen wie ich. Also dass dort einfach schon eine Community vor Ort ist von anderen Selbstständigen."

Auswertungskategorie 1: Individuelle Ebene; Thema: Karriere

Nr.	Art	Thema	Unterthema	Fs	Zitat
14.	Chance	Karriere	Finanzieller Erfolg	B1	"Ist natürlich jetzt nicht zu pauschalisieren, es gibt auch andere Leute, die unglaublich erfolgreich sind. Also ich kenne Millionäre, die als Nomaden unterwegs sind."
18.	Chance	Karriere	Finanzieller Erfolg	B2	"Hab das ausgebaut zu einer Agentur, also habe dann quasi selber die Arbeit weiter ausgelagert. Nicht mehr selbst erbracht. Habe nebenbei einfach verschiedene Sachen im Internet ausprobiert, mit denen man Geld verdienen kann. Und was hängen geblieben ist, ist mein Blog, oder ist eher eine Plattform, die sich ‚Wireless life' nennt und sich an Digitale Nomaden und Online-Unternehmer richtet. (Unv.) diese Plattform gibt es jetzt mittlerweile alle möglichen Angebote, mit denen ich auch den Großteil meines Einkommens verdiene."
27.	Chance	Karriere	Finanzieller Erfolg	B2	"Und die Leute im Moment sehr viel Geld damit verdienen, ihr Wissen an andere Digitale Nomaden weiter-zugeben und Konferenzen zu veranstalten, Workshops zu geben und so weiter. Die haben auch nicht so ein riesengroßes Interesse daran, so viel Kritik zu üben, weil das Geschäft einfach gut läuft, solange, wie Leute an dem Lifestyle interessiert sind."
37.	Chance	Karriere	Finanzieller Erfolg	B3	"So der Teil an Digitalen Nomaden, der bekannt ist und nach außen tritt, der- Und die Szene prägt, die verdienen oft also an Produkten, wo sie anderen Leuten zeigen, wie man quasi so wird, wie sie sind. Das heißt so eine, so eine, wie kann man sagen? Also die verdienen damit Geld, dass sie anderen zeigen, wie man Digitaler Nomade wird."
11.	Risiko	Karriere	Misserfolg	B1	"‚Okay, ich mach' jetzt einfach mal meinen Reiseblog, dann mach' ich ein bisschen Affiliate-Marketing und dann kann ich von 500 Euro in Chiang Mai, Thailand leben', ne? Und das ist halt so der falsche Ansatz, weil das hinterher so eine Abwärtsspirale ist, aus der man schlecht wieder rauskommt."
13.	Risiko	Karriere	Misserfolg	B1	"Es wird häufig kritisiert, dass- Also zum einen wird kritisiert, dass viele Nomaden, ja irgendwie wie moder-ne Hippies wären und alle ja kein Geld verdienen. Und ich bin der Meinung, dass das natürlich, ja, es gibt definitiv viele Leute, die jetzt erstmal nur das Reisen in den Vordergrund stellen und nicht so wirklich daran denken, dass sie ein lukratives Business aufbauen oder so. Und ich persönlich mag den Mittelweg, also ich bin jetzt auch nicht so der Hardcore-Unternehmer oder sowas, da habe ich einfach- Ich will einfach, wenn ich schon reise, dann will ich auch was von den Orten sehen und nicht die ganze Zeit nur am Laptop sitzen natürlich. Aber ist schon wahr, dass auf jeden Fall viele Leute dabei sind, die naiv ins Nomadentum starten und dann irgendwann nach einem Jahr oder so zurückkommen, Erspartes ausgegangen und dann denken: ‚Okay, ja, das war jetzt nichts für mich.' Erstens das, also Leute, die kein Geld verdienen."

Nr.	Art	Thema	Unterthema	Fs	Zitat
1.	Chance	Karriere	Ruhm	B1	"Und, ja, seitdem habe ich dann halt immer mehr Aufmerksamkeit mit dem Blog bekommen und bin viel in Medien gewesen, Fernsehen, Radio, Podcasts, Zeitungen und so weiter. Und bin jetzt halt den Sommer wieder in Deutschland, um halt diese Workshops zu veranstalten, wo ich übers Wochenende den Leuten halt beibringe, wie das funktioniert, was ich mache."
10.	Chance	Karriere	Ruhm	B1	"Da war ich dann halt der Erste im deutschsprachigen Raum, der öffentlich darüber geschrieben hat, und das hat dann halt eine ziemliche Welle ausgelöst. Und deshalb war ich dann halt am Anfang in extrem vielen Podcast und sonst was alles."
32.	Chance	Karriere	Ruhm	B3	"irgendwie letztes Jahr war das und auf einmal ging das so durch die Decke."
33.	Chance	Karriere	Ruhm	B3	"Nach drei Monaten hatten wir dann, glaube ich, 40.000 Downloads und dann ist das immer so weitergegangen und jetzt wurden wir gerade für den besten Podcast des Jahres nominiert, haben jetzt eine Million Downloads, glaube ich, in einem Jahr erreicht und das ganze Ding ist ganz gut erfolgreich geworden."

Auswertungskategorie 1: Individuelle Ebene; Thema: Selbstbestimmung

Nr.	Art	Thema	Unterthema	Fs	Zitat
4.	Chance	Selbstbe-stimmung	Auswegmög-lichkeit	B1	"ich habe ja Hotelfachmann gelernt, also ich habe zweimal die Uni abgebrochen. Ich habe zweimal Lehramt studiert, habe in der Zwischenzeit, zwischen diesen zwei Studiengängen Hotelfachmann gelernt, weil ich eigentlich nur Irgendwas machen wollte, womit ich international arbeiten kann. Damals wusste ich einfach gar nicht, dass es diese Möglichkeit des Reisens und Arbeitens gleichzeitig gibt. Das klingt ja für Leute, die von Nomadentum noch nie gehört haben, wie Utopie. Und das war für mich halt genauso und als ich dann einfach unglücklich so mit meinem hinteren- Also mit dem Job sowieso, dann bin ich halt nochmal studieren gegangen, weil ich dachte:,Wenn du irgendwas aus deinem Leben machen willst, dann musst du halt nochmal studieren gehen' ((lacht)) und dann dachte ich zumindest:,Okay als Lehrer hast du viel Ferien, dann kannst du so zumindest viel reisen.' Und dann habe ich aber schnell gemerkt so, dass das überhaupt nicht dem entspricht, was ich machen möchte."
6.	Chance	Selbstbe-stimmung	Auswegmög-lichkeit	B1	"Und nach zehn Monaten war ich da echt hochgradig depressiv ((lacht)). Und da musste halt irgendwie nochmal was Anderes her."
17.	Chance	Selbstbe-stimmung	Auswegmög-lichkeit	B2	"Und habe nebenbei auch verschiedene Festanstellungen gehabt und Nebenjobs und habe irgendwann gemerkt, dass mir diese Bürolandschaft- Also ich habe mich eigentlich nie so richtig wohl gefühlt und habe es dann, mit Ende zwanzig, mit der Selbstständigkeit probiert."
20.	Chance	Selbstbe-stimmung	Auswegmög-lichkeit	B2	"Hatte auch wenige Freunde, (unv.) die selbstständig waren, ich glaube, deshalb hat es bei mir auch so lange gedauert, bis ich mich zu dem Schritt entschieden habe. Das war eher aus so einer Unzufriedenheit heraus, also es war nicht so ein,hin zu' sondern eher so ein,weg von'."
29.	Chance	Selbstbe-stimmung	Auswegmög-lichkeit	B3	"Und bin dann zurückgekommen und habe mich gefragt:,Hey, das Leben kann so schön sein. Warum muss ich jetzt so diesen gewohnten Weg gehen?', dass ich irgendwie studiere, einen Job annehme, ein Angestell-tenverhältnis und dann irgendwie, dieses klassische Nine-to-five Leben wird ja auch immer genannt, das lebe. Und ich wollte einfach mehr vom Leben und deswegen wollte ich mich irgendwann selbstständig machen"
36.	Chance	Selbstbe-stimmung	Auswegmög-lichkeit	B3	"Ich glaube, es gibt so eine bestimmte Lebensphase, in der Menschen das gerne machen, vielleicht gerade Leute, die irgendwie die Schule fertig haben oder in so einer Midlife-Crisis stecken oder in dieser- Oder in einer Quarterlife-Crisis."
22.	Chance	Selbstbe-stimmung	Inhaltliche Selbst-bestimmung	B2	"also auch entscheiden können, woran arbeite ich und womit verdiene ich mein Geld"

Nr.	Art	Thema	Unterthema	Fs	Zitat	
23.	Chance	Selbstbe-stimmung	Inhaltliche Selbst-bestimmung	B2	"und auch das große Interesse daran, etwas zu schaffen, was wirklich nachhaltig ist und Mehrwert bietet, und ja eben nicht acht Stunden am Tag für jemanden anders zu arbeiten, für eine Sache, hinter der man nicht komplett steht, sondern ja wirklich selbst etwas zu schaffen, auf das man stolz sein kann."	
35.	Chance	Selbstbe-stimmung	Inhaltliche Selbst-bestimmung	B3	"die einen großen Drang nach Freiheit hat und nach einem persönlichen Wert auch in der Arbeit, also, dass man selbst in der Arbeit versucht, sich zu verwirklichen. Also die Leidenschaft zum Beruf macht sozusagen"	
3.	Chance	Selbstbe-stimmung	Örtliche Selbstbe-stimmung	B1	"Nee, das war defintiv die Intention zu reisen."	
5.	Chance	Selbstbe-stimmung	Örtliche Selbstbe-stimmung	B1	"aber dennoch ist es so, dass ich mir selber aussuchen kann, wann ich vor welcher Klasse stehe."	
7.	Chance	Selbstbe-stimmung	Örtliche Selbstbe-stimmung	B1	"Und dann sprach er noch von dem Begriff ‚Geo-Arbitrage'. Und Geo-Arbitrage bezeichnet halt, dass man in einer starken Währung, wie jetzt Euro beispielsweise, sein Geld verdient, und aber in einer schwächeren Währung, jetzt zum Beispiel in thailändischen Baht, sein Geld ausgibt und so eine Art relatives Einkommen hat, wo man dann plötzlich viel, viel mehr von seinem Geld hat. Weil wenn ich jetzt irgendwie 5.000 Dollar in Manhattan verdiene, dann lebe ich am Existenzminium, aber wenn ich 5.000 Dollar nach Thailand nehme, dann lebe ich da, ja, königlich."	Doppelt vermerkt: Kollektive Ebene → Nummer 6 → Risiko → Globale Gerechtigkeit
15.	Chance	Selbstbe-stimmung	Örtliche Selbstbe-stimmung	B1	"Deshalb, der Vorteil ist, dass du reisen kannst, um herauszufinden, wo finde ich es denn am Coolsten, um mich dann hinterher niederzulassen, wenn es mal soweit ist."	
19.	Chance	Selbstbe-stimmung	Örtliche Selbstbe-stimmung	B2	"Ich habe für mich gemerkt, zu dem Zeitpunkt, als ich mich nicht mehr wohl gefühlt habe in den typischen Corporate Jobs, dass mir die Selbstständigkeit, die für mich früher nie eine Option war, so viele Möglichkei-ten geboten hat und vor allem diese digitale Selbstständigkeit, die mich nicht an einen Ort gebunden hat."	
21.	Chance	Selbstbe-stimmung	Örtliche Selbstbe-stimmung	B2	"Und was ich dann mit dieser Freiheit, also mit der örtlichen und auch zeitlichen Freiheit mache, das ist ganz mir allein überlassen, ne? Ich glaube, manche Menschen nutzen das, um wirklich 365 Tage im Jahr zu reisen, andere nutzen das, um ihr neu geborenes Kind aufwachsen zu sehen, von zu Hause aus arbeiten zu können. Also ganz unterschiedliche Arten und Weisen."	
25.	Chance	Selbstbe-stimmung	Örtliche Selbstbe-stimmung	B2	"also das Wetter, das ist mir verdammt wichtig; ich fühle mich einfach nicht so sehr wohl hier im deutschen Winter. Also es ist schön, wenn es ein Ort ist, wo es das ganze Jahr über einfach eine gute Temperaturen hat."	
34.	Chance	Selbstbe-stimmung	Örtliche Selbstbe-stimmung	B3	"für mich ist es einfach ein Mensch, der ortsunabhängig lebt und überall auf der Welt arbeiten kann, es aber nicht zwangsläufig tut."	

Nr.	Art	Thema	Unterthema	Fs	Zitat
35.	Chance	Selbstbe-stimmung	Örtliche Selbstbe-stimmung	B3	"die einen großen Drang nach Freiheit hat"
9.	Chance	Selbstbe-stimmung	Selbstbemächti-gung	B1	"weil ich halt nur ein etwas besserer Kellner war als Hotelfachmann und nichts konnte und nichts Digitales wusste, äh, konnte, bin ich dann auf einer Onlinekursplattform gelandet, die heißt udemy, u d e m y dot com, und da gibt es halt Onlinekurse zu allem Möglichen. Zu Public Speaking, zu App Development, zu keine Ahnung, Klavierspielen lernen, zu haufenweise Sachen auch, die man online machen kann, Design, Programmieren, all sowas. Und ich habe dann da, weil die einmal im Monat so irgendwie so eine Promotion haben, wo jeder Kurs dann so zehn bis zwanzig Dollar kostet, statt ein paar Hundert, was dann der normale Preis ist, habe ich dann halt immer, wenn diese Promotion war, irgendwie Großeinkauf gemacht ((lacht)) und hatte dann so fast dreißig Kurse zu verschiedensten Themen, weil ja für mich alles neu war."
12.	Chance	Selbstbe-stimmung	Selbstbemächti-gung	B1	"Und deswegen ist eben einfach, dass man nicht viel mehr können muss zu Beginn, als wie wenn ich jetzt Facebook benutze. Weil es halt Onlinekurse zu allem Möglichen gibt und man sich in alles einarbeiten kann, ne? Das ist halt nicht so, als ob ich jetzt Medizin studieren müsste oder Astronaut werden möchte. Das sind vielleicht so ein paar Sachen, wofür man noch studieren muss. Aber wenn man jetzt halt ein selbstbestimm-teres Leben angehen möchte, dann ist Studieren halt so eigentlich das Verkehrteste, was man machen möch-te, weil es gibt einfach keine Studiengänge, die auf was Anderes abzielen als auf ein Angestelltenverhältnis."
30.	Chance	Selbstbe-stimmung	Selbstbemächti-gung	B3	"und deswegen wollte ich mich irgendwann selbstständig machen, hatte aber nie so richtig den Mut und dachte mir immer:‚Ah wenn ich das mache, dann musst du perfekt starten und alles muss von Anfang an super sein.'"
31.	Chance	Selbstbe-stimmung	Selbstbemächti-gung	B3	"Und letztendlich haben wir es nicht geschafft, weil wir ganz viel falsch gemacht haben in dieser Welt, in dieser Social-Media-Welt noch gar nicht diese Dos and Don'ts irgendwie kannten. Und ja, nachdem wir da gescheitert sind, haben wir uns überlegt:‚Hey, wir müssen die Message aber irgendwie trotzdem nach drau-ßen bringen' und unsere Message war so:‚Du kannst dir halt das Leben kreieren, was du dir wünschst, und das schaffst du halt, indem du mit dir selbst gut kommunizierst, aber auch nach außen gut kommunizierst, so erschaffst du dir quasi die eigene Realität.' Und dann haben wir irgendwann gesagt:‚Hey, lass doch einen Podcast starten.' Und dann haben wir einen Podcast gestartet"
5.	Chance	Selbstbe-stimmung	Zeitliche Selbst-bestimmung	B1	"aber dennoch ist es so, dass ich mir selber aussuchen kann, wann ich vor welcher Klasse stehe."
21.	Chance	Selbstbe-stimmung	Zeitliche Selbst-bestimmung	B2	"Und was ich dann mit dieser Freiheit, also mit der örtlichen und auch zeitlichen Freiheit mache, das ist ganz mir allein überlassen, ne? Ich glaube, manche Menschen nutzen das, um wirklich 365 Tage im Jahr zu reisen, andere nutzen das, um ihr neu geborenes Kind aufwachsen zu sehen, von zu Hause aus arbeiten zu können. Also ganz unterschiedliche Arten und Weisen."

Auswertungskategorie 2: Kollektive Ebene; Thema: Globale Gerechtigkeit					
Nr.	Art	Thema	Unter-thema	Fs	Zitat
35.	Chance	Selbstbestim-mung	Zeitliche Selbstbe-stimmung	B3	"die einen großen Drang nach Freiheit hat und nach einem persönlichen Wert auch in der Arbeit, also, dass man selbst in der Arbeit versucht, sich zu verwirklichen. Also die Leidenschaft zum Beruf macht sozusagen"
35.	Risiko	Globale Gerechtigkeit	Bewusstsein	B2	"Ich glaube, die meisten Digitalen Nomaden, gerade eben durch diesen Freiheitsdrang und diesen Wunsch nach Selbstbestimmung, haben einfach Probleme mit Strukturen und können sich, glaube ich, auch schlecht irgend-wo- Lassen sich ungern irgendwo reindrücken. Und das steht ja nicht immer, im- Also in diesem klassischen Wohle der Gesellschaft, also es ist sehr, sehr viel Individualität und ich glaube nicht, dass das im Großen und Ganzen gut wäre für die gesamte Menschheit."
40.	Risiko	Globale Gerechtigkeit	Bewusstsein	B2	"Ein anderer großer Kritikpunkt ist, dass sich gerade Digitale Nomaden sich schon sagen, dass sie sehr, sehr viel auf Nachhaltigkeit achten, auf gesunde Ernährung, auf- Darauf, dass auch im Ausland faire Löhne bezahlt werden, dass sie der Umwelt Gutes tun. Aber dass dort eigentlich eine, ja schon gewissermaßen schon so eine Doppelmoral herrscht, weil wir ja natürlich das ganze Jahr über durch die Welt fliegen und damit auch einen großen Teil zum CO_2-Ausstoß beitragen, dass wir viele Sachen outsourcen in Länder wie Indien und die Phil-ippinen und dort keine guten Löhne bezahlen, dass wir in China billig produzierte Ware bestellen in Fabriken, wo die Arbeitsbedingungen einfach nicht gut sind, und die dann in Deutschland weiterverkaufen. Und genau diese Doppelmoral, die gibt es auf jeden Fall und das ist für mich auch ein ganz wichtiger Kritikpunkt, ja, da eine Diskussion anzustoßen, zu überlegen- Wir wollen alle diese Werte vertreten, die gut sind für den Menschen, gut sind für die Umwelt und die Gesellschaft, aber haben eigentlich Geschäftsmodelle, die genau diese Werte mit Füßen treten."
41.	Chance	Globale Gerechtigkeit	Bewusstsein	B2	"dass sich gerade Digitale Nomaden sich schon sagen, dass sie sehr, sehr viel auf Nachhaltigkeit achten, auf gesunde Ernährung, auf- Darauf, dass auch im Ausland faire Löhne bezahlt werden, dass sie der Umwelt Gutes tun."
48.	Risiko	Globale Gerechtigkeit	Bewusstsein	B2	"Das sind die Leute, die das Bewusstsein haben und die sich dann eher abwenden und sagen, sie wollen nicht assoziiert werden mit dem Begriff ‚Digitaler Nomade'."
51.	Risiko	Globale Gerechtigkeit	Bewusstsein	B2	"dass das jetzt schon an so einem Scheidepunkt steht. Und ich glaube, dass genau diese Diskussion darüber, wie nachhaltig ist das eigentlich was wir machen, wie massentauglich ist das auch? Dass die jetzt starten muss, weil es ansonsten, was man auch merkt in dieser Szene, ist, dass die schon so ein bisschen auseinanderbricht und dass viele Leute sich eben nicht mehr mit den Werten, die von einigen Digitalen Nomaden vertreten werden, selbst, ja, verbunden fühlen. Und sich dann eher abwenden. Und man merkt schon, dass das da so eine Spal-tung gibt. Und genau deshalb wird diese Diskussion jetzt so wichtig"

Nr.	Art	Thema	Unter-thema	Fs	Zitat	
73.	Risiko	Globale Gerechtigkeit	Bewusstsein	B3	"Ich glaube, dass dieser Digitale Nomadenlifestyle halt so ein Privileg ist gerade von- Aus unserer westlichen Welt oder wir hier in Deutschland, die sagen können: ‚Ey, wenn wir mal arbeitslos sind, dann ist das nicht so wild, ich kann mich jetzt einfach mal ausprobieren.' Das muss man sich klar machen, das ist halt nur ein kleiner Teil auf der Welt irgendwie- Also hat dieses Privileg."	
4.	Chance	Globale Gerechtigkeit	Offshoring	B1	"Zum einen, dass man keine große Firma sein muss, um jetzt Aufgaben auszulagern. Man denkt ja bei Outsourcing immer nur irgendwie an, keine Ahnung, Mercedes, die jetzt Lager in Osteuropa haben oder sowas, ne? Oder ein Werk oder sowas. Und man kann halt kleinste Aufgaben als Privatperson eben schon auslagern."	Doppelt vermerkt: Kollektive Ebene → Nummer 5 → Risiko → Globale Gerechtigkeit
5.	Risiko	Globale Gerechtigkeit	Offshoring	B1	"Zum einen, dass man keine große Firma sein muss, um jetzt Aufgaben auszulagern. Man denkt ja bei Outsourcing immer nur irgendwie an, keine Ahnung, Mercedes, die jetzt Lager in Osteuropa haben oder sowas, ne? Oder ein Werk oder sowas. Und man kann halt kleinste Aufgaben als Privatperson eben schon auslagern."	Doppelt vermerkt: Kollektive Ebene → Nummer 4 → Chance → Globale Gerechtigkeit
9.	Chance	Globale Gerechtigkeit	Offshoring	B1	"sodass man quasi so die ganzen Kernkompetenzen auslagert, ne? Da sind wir auch wieder beim Auslagern, auch Kleinunternehmer oder Privatpersonen können eben auch auslagern. Dass ich zum Beispiel, ja, das Fulfillment wie Verpackung und Versand und sowas jetzt alles von Amazon machen lasse. Und die Herstellung macht halt jemand in Asien, ne? Und die, ehm, den- Das Design für die Verpackung und so, das macht dann halt alles ein Designer. Das heißt, ich bin quasi nur Dirigent und sage jedem, was er zu tun hat, ne? Und das wäre halt nicht möglich, wenn das Internet nicht wäre, ne? Es entstehen halt ganz, ganz neue Möglichkeiten"	
43.	Risiko	Globale Gerechtigkeit	Offshoring	B2	"dass wir viele Sachen outsourcen in Länder wie Indien und die Philippinen und dort keine guten Löhne bezahlen, dass wir in China billig produzierte Ware bestellen in Fabriken, wo die Arbeitsbedingungen einfach nicht gut sind, und die dann in Deutschland weiterverkaufen."	Doppelt vermerkt: Kollektive Ebene → Nummer 44 → Chance → Globale Gerechtigkeit
44.	Chance	Globale Gerechtigkeit	Offshoring	B2	"dass wir viele Sachen outsourcen in Länder wie Indien und die Philippinen und dort keine guten Löhne bezahlen, dass wir in China billig produzierte Ware bestellen in Fabriken, wo die Arbeitsbedingungen einfach nicht gut sind, und die dann in Deutschland weiterverkaufen."	Doppelt vermerkt: Kollektive Ebene → Nummer 43 → Risiko → Globale Gerechtigkeit
6.	Risiko	Globale Gerechtigkeit	Regulation	B1	"Und dann sprach er noch von dem Begriff ‚Geo-Arbitrage'. Und Geo-Arbitrage bezeichnet halt, dass man in einer starken Währung, wie jetzt Euro beispielsweise, sein Geld verdient, und aber in einer schwächeren Währung, jetzt zum Beispiel in thailändischen Baht, sein Geld ausgibt und so eine Art relatives Einkommen hat, wo man dann plötzlich viel, viel mehr von seinem Geld hat. Weil wenn ich jetzt irgendwie 5.000 Dollar in Manhattan verdiene, dann lebe ich am Existenzminium, aber wenn ich 5.000 Dollar nach Thailand nehme, dann lebe ich da, ja, königlich."	

Nr.	Art	Thema	Unter-thema	Fs	Zitat
11.	Risiko	Globale Gerechtigkeit	Regulation	B1	"Das wäre totale Anarchie, das kann nicht funktionieren. Weil, also erstens, müsste man dafür halt eigentlich so eine Art Weltbürgertum erschaffen. Es dürfte eigentlich keine Nationen mehr geben. Weil es halt immer international Konflikte und Reglementierungen und all sowas gibt und allein schon, was jetzt so mit Steuerrecht gibt und sowas, ne? Wenn jetzt alle Digitale Nomaden wären, dann müsste die Infrastruktur weltweit halt eine ganz, ganz andere sein und daran angepasst werden. Und deshalb, das würde aufgrund dessen allein schon nicht funktionieren und insbesondere natürlich aufgrund dessen, dass es gut ist, dass nicht jeder Digitaler Nomade werden möchte auch. Weil all diese Jobs, die man trotzdem braucht, keine Ahnung, Straßenbau, Klempner, Ärzte, whatever, das muss ja trotzdem alles noch gemacht werden. Deshalb kann einfach nicht jeder Digitaler Nomade werden und das ist auch gut, dass es nicht jeder möchte."
12.	Risiko	Globale Gerechtigkeit	Regulation	B1	"dass quasi unser System eigentlich zusammenstürzen würde, wenn jeder jetzt plötzlich sagen würde: ,Fuck it, ich werde jetzt Digitaler Nomade', das geht eigentlich nicht."
13.	Chance	Globale Gerechtigkeit	Regulation	B1	"Ja! Also Estland ist ja ein kleines europäisches Land mit gerade einmal, ich glaube, 3,2 Millionen Einwohnern. Und die haben halt früh diesen Trend des ortsunabhängigen Arbeitens erkannt und bei denen ist auch Internet ein Grundrecht für jeden Bürger. Und die haben eine der krassesten Infrastrukturen der Welt und möchten halt jetzt dadurch, dass es eben ein relativ kleines Land ist, sich eben steuerlich auch attraktiv machen für internationale ortsunabhängige Unternehmer, indem sie eben diese E-Residency ins Leben gerufen haben. Das ist eine elektronische Bürgerschaft, keine vollwertige Bürgerschaft. Also das ist jetzt für Nichteuropäer nicht automatisch eine Aufenthaltsgenehmigung oder so. Das, was es so interessant macht, ist einfach, dass man dort zum einen alles komplett remote machen kann. Also man muss nie wieder physisch irgendwas ausdrucken und unterschreiben und zur Post bringen oder sonst was. Das heißt, man kann es halt wirklich komplett ortsunabhängig alles machen, also ich kann mich da, ich habe so eine E-Residency-Karte, so eine Chipkarte mit so einem USB-Lesegerät und mit dieser Karte logge ich mich ein in mein Onlinebanking, in mein Steuerportal, kann mit ein paar Klicks meine monatliche Steuererklärung machen. Ich muss da selber unglaublich wenig Zeit aufwenden, um mein gesamtes Business dort zu führen, und das Ganze ist halt extrem günstig. Also die E-Residency selbst kostet einmalig 100 Euro und die Geschäftsanmeldung kostet dann nochmal 130. Und das Krasse ist einfach, dass die dort- Also ich habe eine sogenannte OÜ gegründet, das ist das Pendant zur deutschen GmbH, also eine richtige Kapitalgesellschaft – nur, dass man in Deutschland für eine GmbH 25.000 Euro Stammeinlage braucht und dann noch einen Notar bezahlt und all sowas, und bei der OÜ, da zahlt man nur zweieinhalb Tausend ohne Notar und muss die noch nicht einmal einzahlen, das heißt, ich kann die einzahlen, wann immer ich möchte, nur natürlich, solange die nicht eingezahlt sind, würde ich halt dann auch noch mit meinem Privatvermögen haften, wenn irgendwas passiert. Aber da ich jetzt nur Consulting mache zum Beispiel und jetzt nicht, keine Ahnung, Uran verkaufe ((lacht)), ist das jetzt dann theoretisch auch gar nicht notwendig, dass ich jetzt diese Stammeinlage bezahle. So das Reizvolle für Leute, die halt ihr Business aufbauen wollen, ist einfach,

					dass in Estland alle Gewinne, die entstehen, solange sie in der Firma bleiben, hundert Prozent steuerfrei sind. Das heißt, ich könnte alle Gewinne komplett zu hundert Prozent reinvestieren und müsste nicht wie in Deutschland jetzt erstmal Gewinne versteuern und dann mit dem Rest reinvestieren oder sowas. Das heißt, wenn ich jetzt das nur als Firma nutze und vielleicht noch andere Privateinkünfte hätte oder sowas, dann muss ich dann halt gar keine Steuern für zahlen. Und wenn ich jetzt Geld da rausnehme, dann zahle ich halt pauschal zwanzig Prozent. Beziehungsweise da gibt es auch noch Mittel und Wege, das irgendwie geringer zu halten, weil man jetzt im zweiten Jahr das in Form von Dividenden macht und so, aber das geht jetzt, glaube ich, wahrscheinlich ein bisschen zu weit."
34.	Risiko	Globale Gerechtigkeit	Regulation	B2	"Also ich glaube, es kann einfach nicht funktionieren, weil es einfach- Ich glaube, die meisten Digitalen Nomaden, gerade eben durch diesen Freiheitsdrang und diesen Wunsch nach Selbstbestimmung, haben einfach Probleme mit Strukturen und können sich, glaube ich, auch schlecht irgendwo- Lassen sich ungern irgendwo reindrücken. Und das steht ja nicht immer, im- Also in diesem klassischen Wohle der Gesellschaft, also es ist sehr, sehr viel Individualität und ich glaube nicht, dass das im Großen und Ganzen gut wäre für die gesamte Menschheit. Also ich kann mir das überhaupt nicht vorstellen, dass irgendwann alle nur noch digitalnomadisch unterwegs sind oder so arbeiten."
51.	Risiko	Globale Gerechtigkeit	Regulation	B2	"dass das jetzt schon an so einem Scheidepunkt steht. Und ich glaube, dass genau diese Diskussion darüber, wie nachhaltig ist das eigentlich was wir machen, wie massentauglich ist das auch? Dass die jetzt starten muss, weil es ansonsten, was man auch merkt in dieser Szene, ist, dass die schon so ein bisschen auseinanderbricht und dass viele Leute sich eben nicht mehr mit den Werten, die von einigen Digitalen Nomaden vertreten werden, selbst, ja, verbunden fühlen. Und sich dann eher abwenden. Und man merkt schon, dass das da so eine Spaltung gibt. Und genau deshalb wird diese Diskussion jetzt so wichtig"
52.	Risiko	Globale Gerechtigkeit	Regulation	B2	"Viele Digitale Nomaden sind halt sehr individuell und in dem Zuge auch sehr egoistisch und gucken immer zuerst auf sich, was ist das Beste für mich, was ich ja grundsätzlich ja nicht für falsch halte. Und dann an Orte gehen, wie zum Beispiel Chiang Mai oder Bali, und dort ihr Leben leben, günstig dort essen und arbeiten und schlafen, sich mit anderen Ausländern vernetzen und dabei aber eigentlich in so einer Blase leben und die überhaupt nicht richtig vor Ort sind, sondern sich den Ort einfach nur zunutze machen. Und dann kommt im Endeffekt auch nicht viel in dem Land an, wo wir dann arbeiten, da hinzu aber keine Steuern bezahlen, keine anderen Abgaben leisten. Und ich glaube, dass wir da einfach auch in der Verantwortung sind, zu sagen, wir nutzen halt diese Vorteile aus, was auch so schön als Geo-Arbitrage bekannt ist. Wir haben die Möglichkeit, diese Vorteile auszunutzen, dass wir dann auch, dass das keine Einbahnstraßen sind, sondern, dass wir dann auch in der Pflicht sind, einfach auch was zurückzugeben. Uns mit dem Land, der Sprache, der Kultur zu beschäftigen. Auch die, wenn es möglich ist, die Einwohner vor Ort finanziell zu unterstützen, um einfach diese, ja, diese Lücke ein bisschen mehr zu schließen."

Nr.	Art	Thema	Unterthema	Fs	Zitat
53.	Risiko	Globale Gerechtigkeit	Regulation	B2	"Und dann an Orte gehen, wie zum Beispiel Chiang Mai oder Bali, und dort ihr Leben leben, günstig dort essen und arbeiten und schlafen, sich mit anderen Ausländern vernetzen und dabei aber eigentlich in so einer Blase leben und die überhaupt nicht richtig vor Ort sind, sondern sich den Ort einfach nur zunutze machen. Und dann kommt im Endeffekt auch nicht viel in dem Land an, wo wir dann arbeiten, da hinzu aber keine Steuern bezahlen, keine anderen Abgaben leisten."
56.	Chance	Globale Gerechtigkeit	Regulation	B2	"Eine andere gute Möglichkeit – und da ist Thailand auch immer so einer der Vorreiter, weil es dort einfach viele Digitale Nomaden gibt – wäre- Also ein großes Thema ist immer Besteuerung, ne? Weil wir sind da mit einem Touristenvisum, dürften dort eigentlich theoretisch gar nicht arbeiten und bezahlen natürlich auch keine Steuern. Ja, diese Besteuerung ist einfach schwierig, wenn man die ganze Zeit vom Laptop aus arbeitet, aber zu sagen:,Ihr bekommt hier ein Arbeitsvisum für ein halbes Jahr oder für ein Jahr, müsst euch nicht dauernd darum kümmern, wie ihr euer nächstes Touristenvisum bekommt und dafür bezahlt ihr einfach einen höheren Preis, ihr zahlt zum Beispiel 2.000 Euro für ein Jahresvisum und damit sind eure Steuern abgegolten.' Ich glaube, das würde auch schon- Ja, wäre eine sehr, sehr gute Lösung."

Auswertungskategorie 2: Kollektive Ebene; Thema: Innovationskraft

Nr.	Art	Thema	Unterthema	Fs	Zitat	
2.	Chance	Innovations-kraft	Arbeitswelt	B1	"ich habe am 01.05.2015 meinen Blog ‚Officeflucht' gelaunched, wo es natürlich auch, wie der Name schon vermuten lässt, um unkonventionelles Arbeiten geht und idealerweise dann eben um ortsunabhängiges Arbeiten als Digitaler Noma-de. Und dort stelle ich halt verschiedene Geschäftsmodelle vor, die man online verfolgen kann und versuche halt, Leuten beizubringen, also gewisse Dinge beizubringen, die sie dann für sich implementieren können, wenn sie denn den Wunsch hätten, ortsunabhängig zu arbeiten und eben die Welt zu bereisen."	Doppelt vermerkt: Kollektive Ebene → Nummer 1 → Chance → Wissenstransfer
3.	Chance	Innovations-kraft	Arbeitswelt	B1	"Und ich selber verdiene meinen Lebensunterhalt mit Handel von physischen Produkten auf Amazon und vertreibe das Ganze über dieses Programm das Amazon anbietet, mit dem Namen ‚FBA'. Das steht für ‚Fulfillment by Amazon'. Und so lasse ich meine Produkte in Asien herstellen, die werden vom Hersteller direkt ins Lager in Deutschland geschickt und Amazon stellt mir halt mit diesem FBA-Programm die gesam-te logistische Bandbreite, also ihre Infrastruktur, zur Verfügung und das heißt, egal ob ich jetzt in Thailand bin oder in Deutschland oder sonst wo: Wenn jemand mein Produkt auf Amazon kauft, geht halt ein Mitarbeiter ins Lager, verpackt das und verschickt das und ich muss gar nicht da sein und hab gar keinen physischen Kontakt mit der Ware und deshalb kann man damit relativ schnell einen Lebensunterhalt verdienen, weil Amazon einfach eine enorme Reichweite hat"	
8.	Chance	Innovations-kraft	Arbeitswelt	B1	"Und die einzigen Nomaden, die ich jetzt wirklich kenne, die das halt auch wirklich leben können und nicht nur so um die Welt vagabundieren und ständig dann wieder nach Deutschland kommen, sind halt Leute, die das Ganze eben auch unternehmerisch betrachten und unternehmerisch angehen. Also es ist jetzt nicht Selbstständigkeit, also klassisches Unternehmertum oder Digitales Nomadentum. Man muss halt nur als Nomade dieses klassische Unternehmertum ummünzen, indem man jetzt das Ganze moderner gestaltet und sagt-"	
10.	Chance	Innovations-kraft	Arbeitswelt	B1	"Oder generell das Karrierebild so enorm beschleunigen."	
31.	Chance	Innovations-kraft	Arbeitswelt	B2	"Und ich war einfach so begeistert von den ganzen Möglichkeiten und Freiheiten, die dadurch gekommen sind, dass ich das einfach gerne weitergeben wollte. Und das ist auch immer noch meine große Motivation ist, dass- Den Leuten, die diese Option vielleicht noch nicht sehen, diese Leute zu inspirieren, (unv.), genau über, ja, Optionen in der digitalen Selbstständigkeit nachzudenken."	

Nr.	Art	Thema	Unterthema	Fs	Zitat
32.	Chance	Innovations-kraft	Arbeitswelt	B2	"Und war dann in Shanghai relativ schnell einsam, weil es da auch wenige Selbstständige gab. Und dann habe ich begonnen, einfach im Internet zu suchen, gibt es denn Leute die Ähnliches machen wie ich, kann ich mich mit denen vernetzen. Und dann bin ich ziemlich schnell so auf die ersten Digitalen Nomaden, die sich dann in Deutschland hervorgetan haben, das muss so Mitte 2013 gewesen sein, bin auf die gestoßen. Habe mich relativ schnell mit denen vernetzt. Und habe dann eben auch aus dieser Motivation heraus, dass ich selbst viel allein für mich gearbeitet habe, eine eigene Online-Community erstellt, genau für die Digitalen Nomaden, die dann, genau, dafür gesorgt hat, dass ich jetzt mittlerweile ein relativ großes Netzwerk habe."
36.	Risiko	Innovations-kraft	Arbeitswelt	B2	"Also absolute Randerscheinung. Es werden sicher mehr, weil auch mehr- Ich sehe, es gibt auf jeden Fall auch den Trend ja schon eine Weile, dass immer mehr Unternehmen ihre Leute remote arbeiten lassen oder aus dem Homeoffice zumindest, dass die flexible Arbeitszeiten haben und im Grunde auch die Möglichkeit haben, von überall aus zu arbeiten. Aber ich sehe auch, dass viele Leute, die diese Möglichkeit haben, die einfach auch gar nicht nutzen wollen. Das mit dem Reisen zu verbinden oder auch mit- Dass vielen Leuten diese Flexibilität einfach nicht guttut."
50.	Chance	Innovations-kraft	Arbeitswelt	B2	"dann wird das die ganze Bewegung auch weiterwachsen, definitiv. Vor allem, wenn das auch mehr in den Unternehmen ankommt, Unternehmen mehr Vertrauen in ihre Mitarbeiter haben und sagen: ‚Ja, wir würden euch auch ermöglichen, diesen Lifestyle zu leben, wenn ihr weiterhin eure Leistung bringt. Und uns ist dann auch egal, von wo ihr die erbringt.'"
59.	Chance	Innovations-kraft	Arbeitswelt	B3	"Ich mache Coachings, mache aber teilweise noch Promotionjobs, die dann ortsgebunden sind. Aber das Coaching, das kann ich zum Beispiel per Skype machen und das ist dann ortsunabhängig, beziehungsweise wir verkaufen auch digitale Infoprodukte, machen Werbung auf unserem Podcast, das funktioniert dann wie Radiowerbung, da nehmen wir halt Geld von den Sponsoren und verdienen über Affiliate-Marketing, also das Bewerben von Produkten, auch noch Geld."
62.	Chance	Innovations-kraft	Arbeitswelt	B3	"Ist halt dieses Hinterfragen von der aktuellen gesellschaftlichen Norm zum Beispiel, ist das Arbeitsmodell oder das -konzept, wie wir es leben, ist das noch das, was angebracht ist? Also müssen wir irgendwie in Büros gehen und ja, neun Stunden da sitzen, obwohl wir vielleicht schon nach sieben Stunden schon fertig sind und irgendwie abhauen könnten? Also dieses, ja, sehr, sehr starre Konzept. Auch das Schulkonzept zum Beispiel, also wie funktioniert Schule? Schule wurde damals irgendwie entwickelt, um Fabrikarbeiter auszubilden, heute brauchen wir halt irgendwie neue Arten von Arbeitern und da ist das aktuelle Schulkonzept vielleicht auch nicht mehr das richtige. Das heißt, sehr viel hinterfragen."
63.	Chance	Innovations-kraft	Arbeitswelt	B3	"heute brauchen wir halt irgendwie neue Arten von Arbeitern"

Nr.	Art	Thema	Unterthema	Fs	Zitat
65.	Chance	Innovations-kraft	Arbeitswelt	B3	"Ich glaube, dass die gesamte Arbeitswelt sich nur entwickeln wird und es wird- Der Teil an Digitalen Nomaden wird größer werden, es werden viel mehr werden, es wird normal werden, dass man von überall aus arbeiten kann, weil man seinen Laptop dabei hat und die Internetverbindung wird in ein paar Jahren noch besser überall auf der Welt sein."
70.	Chance	Innovations-kraft	Arbeitswelt	B3	"Aber was kommen wird, ist auch natürlich, dass da Geschäftsmodelle drumrum entwickelt wird. Also zum Beispiel bezahlt man dann eine Miete, aber du kannst dann halt in verschiedenen Locations auf der Welt leben, ne? Momentan gibt es sowas wie AirBnB, aber das wird halt wirklich so sein, dass du eine monatliche Miete zahlst und dafür kannst du halt dann an bestimmten Destinationen auf der Welt leben."
14.	Chance	Innovations-kraft	Governance	B1	"Und die haben halt früh diesen Trend des ortsunabhängigen Arbeitens erkannt und bei denen ist auch Internet ein Grundrecht für jeden Bürger. Und die haben eine der krassesten Infrastrukturen der Welt"
15.	Chance	Innovations-kraft	Governance	B1	"und möchten halt jetzt dadurch, dass es eben ein relativ kleines Land ist, sich eben steuerlich auch attrak-tiv machen für internationale ortsunabhängige Unternehmer, indem sie eben diese E-Residency ins Leben gerufen haben."
16.	Chance	Innovations-kraft	Governance	B1	"Das ist eine elektronische Bürgerschaft, keine vollwertige Bürgerschaft. Also das ist jetzt für Nichteuropäer nicht automatisch eine Aufenthaltsgenehmigung oder so."
17.	Chance	Innovations-kraft	Governance	B1	"Das, was es so interessant macht, ist einfach, dass man dort zum einen alles komplett remote machen kann. Also man muss nie wieder physisch irgendwas ausdrucken und unterschreiben und zur Post bringen oder sonst was. Das heißt, man kann es halt wirklich komplett ortsunabhängig alles machen, also ich kann mich da, ich habe so eine E-Residency-Karte, so eine Chipkarte mit so einem USB-Lesegerät und mit dieser Karte logge ich mich ein in mein Onlinebanking, in mein Steuerportal, kann mit ein paar Klicks meine monatliche Steuererklärung machen."

Nr.	Art	Thema	Unterthema	Fs	Zitat
19.	Chance	Innovations-kraft	Governance	B1	"Also ich habe eine sogenannte OÜ gegründet, das ist das Pendant zur deutschen GmbH, also eine richtige Kapitalgesellschaft – nur, dass man in Deutschland für eine GmbH 25.000 Euro Stammeinlage braucht und dann noch einen Notar bezahlt und all sowas, und bei der OÜ, da zahlt man nur zweieinhalb Tausend ohne Notar und muss die noch nicht einmal einzahlen, das heißt, ich kann die einzahlen, wann immer ich möchte, nur natürlich, solange die nicht eingezahlt sind, würde ich halt dann auch noch mit meinem Privatvermögen haften, wenn irgendwas passiert. Aber da ich jetzt nur Consulting mache zum Beispiel und jetzt nicht, keine Ahnung, Uran verkaufe ((lacht)), ist das jetzt dann theoretisch auch gar nicht notwendig, dass ich jetzt diese Stammeinlage bezahle. So das Reizvolle für Leute, die halt ihr Business aufbauen wollen, ist einfach, dass in Estland alle Gewinne, die entstehen, solange sie in der Firma bleiben, hundert Prozent steuerfrei sind. Das heißt, ich könnte alle Gewinne komplett zu hundert Prozent reinvestieren und müsste nicht wie in Deutschland jetzt erstmal Gewinne versteuern und dann mit dem Rest reinvestieren oder sowas. Das heißt, wenn ich jetzt das nur als Firma nutze und vielleicht noch andere Privateinkünfte hätte oder sowas, dann muss ich dann halt gar keine Steuern für zahlen."
20.	Chance	Innovations-kraft	Governance	B1	"Also zum einen haben die natürlich mehr Steuereinnahmen, weil plötzlich mehr Leute Firmen haben, als Leute dort leben."
21.	Chance	Innovations-kraft	Governance	B1	"Und es ist ja grundsätzlich nicht verkehrt, technisch Vorreiter in vielen Dingen zu sein, weil dadurch natürlich tolle internationale Beziehungen auch in Form von Kooperationen später entstehen können."
22.	Chance	Innovations-kraft	Governance	B1	"Und ich meine, Estland ist halt in vielen Dingen schon Vorreiter gewesen, zum Beispiel Skype, was wir hier gerade nutzen, stammt aus Estland. Also der Gründer ist Este, ne? Also einer der drei Gründer. Und die haben halt eine ziemlich krasse Start-up-Szene und ich denke einfach, dass dieser ganze Fintech-Bereich und sowas mit so Financial Apps und all sowas, was dort in Estland und generell in Skandinavien sehr groß ist, total davon profitiert, wenn Estland plötzlich so ‚on the map' ist. Dass das international so beworben wird und- Natürlich kommen auf dieses Thema nur Leute, die eben ortsunabhängig oder die online arbeiten und so in der Start-up-Szene aktiv sind und da kommen neue Investoren und so, ne? Also irgendwie erregt das einfach Aufmerksamkeit in den richtigen Kreisen, weltweit aber."
24.	Risiko	Innovations-kraft	Governance	B1	"Aber der Vorteil für mich ist dabei einfach, auch wenn ich glaube, dass ich irgendwann wieder sesshaft werden möchte, dass man- Also ich weiß, ich möchte nicht in Deutschland sesshaft werden, weil ich so viele tolle Orte gesehen habe, wo ich für mein Geld auch viel, viel mehr bekomme, dass ich niemals die rationale Entscheidung treffen könnte: ‚Ach, ich gehe jetzt zurück nach Deutschland ausgerechnet'. Und ignoriere all die Orte, wo es viel cooler war, ne?"

Nr.	Art	Thema	Unterthema	Fs	Zitat
55.	Risiko	Innovations-kraft	Governance	B2	"Und ja, wir haben auch schon oft über Konzepte nachgedacht mit Bekannten zusammen. Wir machen einfach mal einen Austausch, wir gehen jetzt mal mit fünf Deutschen oder Westlern nach Thailand, arbeiten dort mit fünf Thailändern zusammen und ein halbes Jahr später kommen die nach Deutschland, was sich aber einfach wahnsinnig schwierig gestaltet, weil man im Endeffekt für die Leute bürgen muss, man muss nachweisen können, dass man selber einen bestimmten Geldbetrag auf dem Konto hat oder der Ausländer. Man ist dann quasi in der Haftung für einen Thailänder, der anders kein Visum bekommen könnte."
60.	Risiko	Innovations-kraft	Governance	B3	"Ich bin offiziell Student, weil als Student hat man sehr viele Vorteile, gerade wenn man sich selbstständig macht. Was Krankenversicherung angeht und zum Beispiel ein Semesterticket, weil ich hauptsächlich in Hamburg unterwegs bin, wenn ich nicht gerade irgendwie in der Welt unterwegs sein sollte. Und das hat dann finanzielle Vorteile, das heißt, ich habe meine Kosten sehr minimiert und das auch dank des Studentenstatus. Und genau, das ist mein aktueller Status quasi. Aber ich bin eigentlich fertig, muss nur noch meine Abschlussarbeit schreiben."
66.	Risiko	Innovations-kraft	Governance	B3	"Der Teil an Digitalen Nomaden wird größer werden, es werden viel mehr werden, es wird normal werden, dass man von überall aus arbeiten kann, weil man seinen Laptop dabei hat und die Internetverbindung wird in ein paar Jahren noch besser überall auf der Welt sein."
67.	Risiko	Innovations-kraft	Governance	B3	"Und ich glaube, dass auch viele Menschen keinen Job haben werden und ich glaube, dieses Problem muss auch gelöst werden. Ich glaube zum Beispiel, dass es das in unserem Leben noch das Grundeinkommen geben wird, also es wird meiner Meinung nach kommen. Weil man, ja, schauen muss, wie kann man diese ganze Menschen, die dann keinen Job haben, sozusagen durchbringen?"
8.	Chance	Innovations-kraft	Lebenswelt	B1	"Und die einzigen Nomaden, die ich jetzt wirklich kenne, die das halt auch wirklich leben können und nicht nur so um die Welt vagabundieren und ständig dann wieder nach Deutschland kommen, sind halt Leute, die das Ganze eben auch unternehmerisch betrachten und unternehmerisch angehen. Also es ist jetzt nicht Selbstständigkeit, also klassisches Unternehmertum oder Digitales Nomadentum. Man muss halt nur als Nomade dieses klassische Unternehmertum ummünzen, indem man jetzt das Ganze moderner gestaltet und sagt-"
25.	Chance	Innovations-kraft	Lebenswelt	B1	"Deshalb, der Vorteil ist, dass du reisen kannst, um herauszufinden, wo finde ich es denn am Coolsten, um mich dann hinterher niederzulassen, wenn es mal soweit ist. Also ich mag diesen Gedanken, und das geht vielen Nomaden so, von Multilokalität, ne? Dass man so seine top zwei, drei Orte hat, an die man immer wieder gerne zurückkommt, wo man Anlaufpunkte hat, wo man sich halt auskennt, wo man sich heimisch fühlt."
26.	Chance	Innovations-kraft	Lebenswelt	B1	"Also so eine gewisse Form von Heim oder Heimat, denke ich, braucht trotzdem jeder Mensch, nur muss das nicht mehr die eigentliche Heimat im klassischen Sinne sein."

Nr.	Art	Thema	Unterthema	Fs	Zitat
27.	Chance	Innovations-kraft	Lebenswelt	B1	"Es gibt auch Nomadenfamilien, es gibt Leute, die betreiben ganze Blogs darüber, dass sie mit ihrer fünf-köpfigen Familie die ganze Zeit durch die Welt reisen und sowas"
29.	Chance	Innovations-kraft	Lebenswelt	B2	"Und ich war einfach so begeistert von den ganzen Möglichkeiten und Freiheiten, die dadurch gekommen sind, dass ich das einfach gerne weitergeben wollte. Und das ist auch immer noch meine große Motivation ist, dass- Den Leuten, die diese Option vielleicht noch nicht sehen, diese Leute zu inspirieren, (unv.), genau über, ja, Optionen in der digitalen Selbstständigkeit nachzudenken."
33.	Chance	Innovations-kraft	Lebenswelt	B2	"Aber alle vertreten ähnliche Grundwerte und das sind vor allem Freiheit, das ist sehr, sehr viel Selbstbe-stimmung"
36.	Risiko	Innovations-kraft	Lebenswelt	B2	"Also absolute Randerscheinung. Es werden sicher mehr, weil auch mehr- Ich sehe, es gibt auf jeden Fall auch den Trend ja schon eine Weile, dass immer mehr Unternehmen ihre Leute remote arbeiten lassen oder aus dem Homeoffice zumindest, dass die flexible Arbeitszeiten haben und im Grunde auch die Möglichkeit haben, von überall aus zu arbeiten. Aber ich sehe auch, dass viele Leute, die diese Möglichkeit haben, die einfach auch gar nicht nutzen wollen. Das mit dem Reisen zu verbinden oder auch mit- Dass vielen Leuten diese Flexibilität einfach nicht guttut."
37.	Risiko	Innovations-kraft	Lebenswelt	B2	"Und was ich im Moment für sehr erstrebenswert halte, ist genau dieses Prinzip der Multilokalität also, dass man zwei, drei Homebases hat."
68.	Chance	Innovations-kraft	Lebenswelt	B3	"Und ich glaube, dass dieser ganze Wert, den wir in Arbeit stecken, sich auch verändern muss, ne?"
69.	Chance	Innovations-kraft	Lebenswelt	B3	"Und ich glaube, dieses, dass man sich seine Identifikation oder seine Identität von dem Job abhängig macht, das wird sich so ein bisschen verändern."
74.	Chance	Innovations-kraft	Lebenswelt	B3	"Absolut. Dadurch, dass das Internet irgendwie dafür sorgt, dass Informationen überall zugänglich sind, werden, glaube ich, auch in gerade auch ärmeren Regionen Leute irgendwann diesen Lifestyle mitkriegen und den dann umsetzen."

Auswertungskategorie 2: Kollektive Ebene; Thema: Kommerzialisierung

Nr.	Art	Thema	Unterthema	Fs	Zitat
38.	Risiko	Kommerzia-lisierung	Finanzielle Interessen	B2	"Ich glaube, durch die Medien geht auch immer dieses Bild von dem Web-Worker, der irgendwo in einer Hängematte liegt und eine Kokosnuss trinkt und dann zwei Stunden am Tag arbeitet und damit gutes Geld verdient. Und genau mit diesem Bild lassen sich natürlich auch viele Bücher und Onlinekurse und Workshops verkaufen."
61.	Risiko	Kommerzia-lisierung	Finanzielle Interessen	B3	"In unserem Podcast sehen wir das aber nicht so dogmatisch, weil wir halt, ja, das nur als Marketingbegriff nutzen, weil so dieses Klischee ist, ist der Digitalen Nomaden, äh, Digitaler Nomade ist so derjenige, der irgendwie mit einem Cocktail irgendwie auf Bali in der Hängematte schlürfend seinen Cocktail trinkt und irgendwie nebenbei am MacBook ein bisschen was macht und diesem Klischeebild haben wir uns einfach bedient."
71.	Risiko	Kommerzia-lisierung	Finanzielle Interessen	B3	"ich glaube, dass es halt schon viel, viel mehr Digitale Nomaden gibt, die einfach irgendwie Programmie-rer sind oder Designer und schon in der Welt unterwegs sind. Die verdienen natürlich nicht mit anderen Digitalen Nomaden."
7.	Risiko	Kommerzia-lisierung	Vereinfachte Darstellung	B1	"Weil es gibt halt so diese Misconception, bei den ganz neuen Digitalen Nomaden zum Beispiel. Wenn man so zur DNX geht oder so, ich finde es zwar immer geil das Event, aber man hat dann halt extrem viele junge Leute da, die dann halt nur Reiseblogs lesen und so und dann halt denken: ‚Okay, ich mach' jetzt einfach mal meinen Reiseblog, dann mach' ich ein bisschen Affiliate-Marketing und dann kann ich von 500 Euro in Chiang Mai, Thailand leben', ne? Und das ist halt so der falsche Ansatz, weil das hinterher so eine Abwärts-spirale ist, aus der man schlecht wieder rauskommt."
23.	Risiko	Kommerzia-lisierung	Vereinfachte Darstellung	B1	"Also zum einen wird kritisiert, dass viele Nomaden, ja irgendwie wie moderne Hippies wären und alle ja kein Geld verdienen. Und ich bin der Meinung, dass das natürlich, ja, es gibt definitiv viele Leute, die jetzt erstmal nur das Reisen in den Vordergrund stellen und nicht so wirklich daran denken, dass sie ein lukrati-ves Business aufbauen oder so. Und ich persönlich mag den Mittelweg, also ich bin jetzt auch nicht so der Hardcore-Unternehmer oder sowas, da habe ich einfach- Ich will einfach, wenn ich schon reise, dann will ich auch was von den Orten sehen und nicht die ganze Zeit nur am Laptop sitzen natürlich. Aber ist schon wahr, dass auf jeden Fall viele Leute dabei sind, die naiv ins Nomadentum starten und dann irgendwann nach einem Jahr oder so zurückkommen, Erspartes ausgegangen und dann denken: ‚Okay, ja, das war jetzt nichts für mich.' Erstens das, also Leute, die kein Geld verdienen."
38.	Risiko	Kommerzia-lisierung	Vereinfachte Darstellung	B2	"Ich glaube, durch die Medien geht auch immer dieses Bild von dem Web-Worker, der irgendwo in einer Hängematte liegt und eine Kokosnuss trinkt und dann zwei Stunden am Tag arbeitet und damit gutes Geld verdient. Und genau mit diesem Bild lassen sich natürlich auch viele Bücher und Onlinekurse und Workshops verkaufen."

Nr.	Art	Thema	Unterthema	Fs	Zitat
39.	Risiko	Kommerzia-lisierung	Vereinfachte Darstellung	B2	"Und das ist ein großer Kritikpunkt, dass alles viel zu blumig dargestellt wird und viel zu einfach. Dass gesagt wird, jeder kann das und das ist nicht schwer und das ist einfach falsch."
72.	Risiko	Kommerzia-lisierung	Vereinfachte Darstellung	B3	"Und, dass viele denken, sie starten irgendwie einen Reiseblog und werden damit reich und können damit ein Business machen. Das ist auch so ein Irrglaube, gerade von Anfängern in der Szene, die denken:‚Ich mache einfach einen Blog und kann dann irgendwie um die Welt reisen und verdiene dann mit ein bisschen Affiliate-Einnahmen mein Geld.'"

Auswertungskategorie 2: Kollektive Ebene; Thema: Ökologische Nachhaltigkeit					
Nr.	Art	Thema	Unterthema	Fs	Zitat
42.	Risiko	Ökologische Nachhaltigkeit	CO_2-Emissionen	B2	"weil wir ja natürlich das ganze Jahr über durch die Welt fliegen und damit auch einen großen Teil zum CO_2-Ausstoß beitragen"
45.	Risiko	Ökologische Nachhaltigkeit	CO_2-Emissionen	B2	"zu wissen, dass ich pro Jahr vier oder fünf Langstreckenflüge habe"
18.	Chance	Ökologische Nachhaltigkeit	Digitalisierung	B1	"Also man muss nie wieder physisch irgendwas ausdrucken und unterschreiben und zur Post bringen oder sonst was."
64.	Chance	Ökologische Nachhaltigkeit	Veganismus	B3	"ganz viele in der Szene sind Veganer"

Auswertungskategorie 2: Kollektive Ebene; Thema: Wissenstransfer						
Nr.	Art	Thema	Unterthema	Fs	Zitat	
1.	Chance	Wissens-transfer	Cyberspace	B1	"ich habe am 01.05.2015 meinen Blog ‚Officeflucht' gelaunched, wo es natürlich auch, wie der Name schon vermuten lässt, um unkonventionelles Arbeiten geht und idealerweise dann eben um ortsunabhängiges Arbeiten als Digitaler Noma-de. Und dort stelle ich halt verschiedene Geschäftsmodelle vor, die man online verfolgen kann und versuche halt, Leuten beizubringen, also gewisse Dinge beizubringen, die sie dann für sich implementieren können, wenn sie denn den Wunsch hätten, ortsunabhängig zu arbeiten und eben die Welt zu bereisen."	Doppelt vermerkt: Kollektive Ebene → Nummer 2 → Chance → Innovationskraft
30.	Chance	Wissens-transfer	Cyberspace	B2	"Und ich war einfach so begeistert von den ganzen Möglichkeiten und Freiheiten, die dadurch gekommen sind, dass ich das einfach gerne weitergeben wollte."	
57.	Chance	Wissens-transfer	Cyberspace	B3	"‚Ey, lass doch mal dieses Wissen nach draußen bringen' und haben gesagt:‚Ey, wir starten jetzt einen YouTube-Channel und werden YouTube-Stars und können dann von überall auf der Welt arbeiten.'"	
58.	Chance	Wissens-transfer	Cyberspace	B3	"haben wir uns überlegt:‚Hey, wir müssen die Message aber irgendwie trotzdem nach draußen bringen' und unsere Message war so:‚Du kannst dir halt das Leben kreieren, was du dir wünschst, und das schaffst du halt, indem du mit dir selbst gut kommunizierst, aber auch nach außen gut kommunizierst, so erschaffst du dir quasi die eigene Realität'. Und dann haben wir irgendwann gesagt:‚Hey, lass doch einen Podcast starten.'"	
28.	Chance	Wissens-transfer	Realität	B1	"Zumal ich persönlich, ich weiß nicht, ob du mich so ein bisschen mehr durchleuchtet hast oder sowas, aber ich versuche halt, an verschiedenen Orten auch immer wieder was zurückzugeben und an sozialen Projek-ten und sowas teilzunehmen. Und Geo-Arbitrage ist halt keine Einbahnstraße, aber ich denke, dass man gerade, wenn man dann vor Ort ist, viel mehr ausweigen kann, als wenn man jetzt ja einfach in Deutschland in seinem Büro sitzt und dann den Digitalen Nomaden gegenüber so den Finger erhebt."	
46.	Chance	Wissens-transfer	Realität	B2	"wenn ich schon so viel fliege und weiß, dass ich dann halt der Umwelt schade, dann versuche ich, wenigs-tens im Land Gutes zu tun, und versuche, dort einmal mich mit den Kulturen vor Ort zu beschäftigen, auch für Austausch zu sorgen, auch-"	
47.	Chance	Wissens-transfer	Realität	B2	"Was wir jetzt ein paar Mal gemacht haben, ist, in Schulen zu gehen und den Leuten mal so ein bisschen zu erklären, wie wir eigentlich so arbeiten, wie ein Laptop funktioniert."	

Nr.	Art	Thema	Unterthema	Fs	Zitat
49.	Chance	Wissens-transfer	Realität	B2	"Oder auch wenn wir- Was ich mache, ist, Workations zu veranstalten, (unv.) zehn bis zwölf andere Digitale Nomaden irgendwelche schönen Orte, arbeiten dort zwei Wochen gemeinsam, dass wir dort von jedem einen Spendenbeitrag einsammeln und das einem guten Zweck vor Ort zukommen lassen. Oder, dass ich sage, wenn ich in diese Länder reise, dann versuche ich, das Geld auch vor Ort auszugeben. Also nicht in große Hotelketten zu gehen oder bei McDonalds zu essen, sondern gucke ich, das lokal auszugeben, sodass es den Leuten vor Ort zugutekommt."
54.	Chance	Wissens-transfer	Realität	B2	"Also Spenden ist immer ein guter Einstieg, aber dann vor allem so Wissenstransfer, ne? Den Thailändern zum Beispiel zu zeigen, was sie auch mit einem Laptop machen können. Und was, dass so gefühlt vom Marketing und generell vom ganzen Internet her sind die meisten asiatischen Länder einfach noch so zehn Jahre hinter und ich glaube, wenn man da für Wissenstransfer sorgt, haben die wieder wahnsinnig gute Möglichkeiten."
75.	Chance	Wissens-transfer	Realität	B3	"Und ich kenne auch viele, die versuchen, in solchen Regionen, dass Digitale Nomaden dieses Leben oder diesen Lifestyle schon einmal näherzubringen, welche, die in Schulen gehen. Unter anderem ja auch Bastian Barami war auch schon in Schulen unterwegs, hat so ein bisschen gezeigt, wie er sein Geld im Internet verdient, mit Amazon FBA."

Bisher in dieser Reihe erschienen:

LGS 1   Ines HÖPNER-NOTTORF (2013):
Kreativwirtschaft in Hamburg. Raumbedürfnisse und Raumangebote am Beispiel der Themenimmobilie Karostar und des Oberhafens.
ISBN 978-3-7322-6352-3; Buch 12,80 €, e-Book 8,99 €

LGS 2   Martin PRIES und Antje SEIDEL (Hrsg.) (2014):
Die Backsteinstadt Lüneburg. Ursprünge – Entwicklungslinien – Technikgeschichte.
ISBN 978-3-7357-3961-2; Buch 14,90 €, e-Book 9,99 €

LGS 3   Robert OSCHATZ (2015):
Soziale Innovationen aus räumlicher Perspektive Eine Untersuchung zur Entwicklung der „Regionalwert AG" unter besonderer Berücksichtigung räumlicher Strukturen.
ISBN 978-3-7386-3790-8; Buch 14,90 €, e-Book 9,99 €

LGS 4   Jonathan HAPP (2016):
Auswirkungen der Fairtrade-Zertifizierung auf den afrikanischen Blumenanbau Das Beispiel Naivasha, Kenia.
ISBN 978-3-7392-2581-4; Buch 15,90 €, e-Book 7,49 €

LGS 5   Nadine STEIN (2016):
Adoptionsfaktoren der Cradle-to-Cradle-Implementierung in Deutschland. Eine explorative Untersuchung anhand qualitativer Interviews.
ISBN 978-3-7412-6703-1; Buch 13,50 €, e-Book 8,99 €

LGS 6   Carolin STOEPPEL (2016):
Stadtentwicklung und Denkmalpflege. Einflüsse des Arbeitskreises
Lüneburger Altstadt e. V. auf die Entwicklung der historischen Alt-
stadt Lüneburgs.
ISBN 978-3-7412-9231-6; Buch 11,20 €, e-Book 9,99 €

LGS 7   Elke ARNDT (2019):
Der Genius Loci Lüneburgs. Erkundungen zu raumbezogener
Identität.
ISBN 978-3-7494-4749-7; Buch 11,90 €, e-Book 8,49 €

Alle Bände sind bestellbar z. B. über BoD.de oder amazon.de.